JN336423

金融機関のための後見人の見方

一般社団法人 後見の杜 [著]

一般社団法人 金融財政事情研究会

まえがき

　認知症高齢者等の増加に伴い後見人との取引が増加しています。それに伴い金融機関は、後見に関する登記事項証明書の内容を正確に読み取り確実に対応することが求められます。しかし、実際の代理行為目録や同意行為目録の内容を理解するのは容易なことではありません。個別具体の内容が記載されないことが少なくないからです。実際、後見に関する書面の内容を見誤り不適切な取引をしてしまった金融機関も散見されます。

　後見人との取引においては、登記事項証明書以外に、後見人に対する報酬付与審判書や後見開始前の財産管理人選任に関する審判書への対応も必要となります。後見人が法人の場合は法人から担当者への委任状の確認、さらに、後見人から頼まれたという復代理人や履行補助者への対応も発生します。混乱が生じうる状態であることは否めません。

　以上の現実をふまえ、本書においては、実例を多く活用しながら金融機関における後見人等との取引を想定し、第1章では、だれに対応することになるのか、その立場をどのように確認するのかについて解説します。第2章では、後見人による代理取引への対応として、代理の内容や代理行為目録の読み方について解説します。第3章では、後見制度の特徴である同意行為ならびに金融機関が対抗すべき取消権への対応について解説します。第4章では、後見に附帯する事項として、審判前の財産保全処分、後見制度支援信託、被後見人の財産調査及び死後事務代行サービス、後見人への報酬や後見事務費について解説します。

　後見人と取引する金融機関としてはもちろん、後見に関する各種相談対応のツールとして、また、読者個人の生活上の課題意識に本書が役立つことを希望します。

【著者紹介】

一般社団法人　後見の杜

後見の質の向上を目指し全国の被後見人やその家族からの相談に日々対応。後見人に対するクレームが多い実態をふまえ「後見人相談士」の認定事業を平成27年4月にスタート。独自の「後見査定シート」を活用し、後見の必要度と費用概算を提示しながら、そもそも後見の要・不要を助言する人材育成として金融、不動産、介護関係者が資格取得している。事例が多くわかりやすい「後見人養成講座」や都道府県ごとの後見利用率や後見人解任率を示す「後見ランキング」も自治体や後見関係者から好評を得ている。

代表　宮内　康二

昭和46年生まれ。早稲田大学卒、南カリフォルニア大学老人学（ジェロントロジー）大学院修了、㈱ニッセイ基礎研究所研究員（介護・高齢・ジェロントロジー分野）、東京大学ジェロントロジー寄付研究部門（現在の高齢社会総合研究機構）ゼネラルマネジャー、東京大学医学系研究科および政策ビジョン研究センター特任助教（市民後見人養成講座・成年後見分野研究）を経て現職。5000人を超える後見人候補者を養成し、50を超える後見系NPO法人の立上げおよび運営を支援。「成年後見の実務的・理論的体系化に関する研究（平成23～24年度厚生労働省）」、「地域における親族後見支援の試み（平成22～24年度厚生労働省）」、「成年後見の推進と管理（平成22～24年度経済産業省）」事業の責任者。自治体、高齢者や障がい者のご家族、医療・福祉・金融・不動産、家庭裁判所関係者、専門職後見人ほかに対する講演。

著書：『ジェロントロジー～加齢の価値と社会の力学～』（きんざい、2005）、『成年後見制度が支える老後の安心　超高齢社会のセーフティーネット』（小学館、2010）、『地域後見の実現～市民後見養成の歩み～』（加除出版、2014）。

所属：日本成年後見法学会、American Institute of Financial Gerontology

～後見のことなら何でも後見の杜へ～
本店所在地：東京都目黒区鷹番2－18－5
電話番号：03－3793－0030
メール：info@sk110.jp

目　次

第1章　後見の登場人物

1　後見の登場人物とその確認方法 …………………………………… 2
2　後見人と履行補助者・復代理人 …………………………………… 5
3　後見人が法人の場合 ………………………………………………… 6
4　登記事項証明書の表記内容 ………………………………………… 8
5　複数後見への対応 …………………………………………………… 47
6　監督人がいる場合の対応 …………………………………………… 60
7　後見人変更への対応 ………………………………………………… 64
8　後見の終了に伴う事務 ……………………………………………… 67

第2章　後見人による代理取引への対応

1　代理権の範囲 ………………………………………………………… 72
2　預貯金取引 …………………………………………………………… 80
3　代理権の拡張 ………………………………………………………… 82
4　保険取引 ……………………………………………………………… 89
5　相続と特別代理人 …………………………………………………… 91
6　制限のある代理行為目録 …………………………………………… 94
7　後見人の行為に対する評価の視点（例：孫の教育信託）………… 97
8　不動産取引 …………………………………………………………… 102
9　後見人の動きを予測する …………………………………………… 111

| 第3章 | 後見人による同意・取消取引への対応 |

1　同意権の範囲 ……………………………………………………… 116
2　同意権行使のタイミング ………………………………………… 119
3　催 告 権 …………………………………………………………… 122
4　取 消 権 …………………………………………………………… 123
5　保佐人や補助人の同意を得られない場合の家庭裁判所からの
　　許可 ………………………………………………………………… 125
6　同意行為目録上の表示金額 ……………………………………… 127
7　後見開始後に発覚する適合性の原則 …………………………… 129
8　不明瞭な記載対策 ………………………………………………… 131
9　保　　証 …………………………………………………………… 134
10　元本、相続 ………………………………………………………… 136
11　訴訟、新築等、賃貸借 …………………………………………… 139

| 第4章 | 後見に附帯する事項 |

1　審判前の財産保全処分 …………………………………………… 142
2　後見制度支援信託 ………………………………………………… 145
3　被後見人の財産調査 ……………………………………………… 155
4　死後事務代行サービス …………………………………………… 157
5　後見報酬 …………………………………………………………… 159

事項索引 ………………………………………………………………… 164

▶こんなときどうする？
　登記事項証明書の提示を後見人が拒む（しない）場合 …………… 26
　後見人が後見監督人の同意を得てこない場合 …………………… 62

被後見人が自らの残高や証券内容を照会してきた場合 …………………… 81
　　家族からの要請に従い被後見人の預金を払い出すこと ………………… 85
　　後見人の要求に応じ金融機関が正当に行った取引を無にしてほし
　　　いと被後見人が要求してきた場合 ………………………………………… 90
　　後見人が金融機関へ後見人になった旨の届出をせず、本人の
　　　ATMで預金を引き出したり、受取人の立場で保険請求等を行っ
　　　ていたことを知った場合 …………………………………………………… 96
　　後見人と連絡がとれない場合 ………………………………………………… 112
　　催告した補助人の判断能力が不十分と思われる場合 ……………………… 122

【資　料】

1	後見開始の審判確定証明書 ……………………………………………………… 4
2	法人後見における担当者への委任状 ………………………………………… 7
3	後見開始が確定した登記事項証明書 ………………………………………… 9
4	後見に関する登記事項証明申請書 …………………………………………… 11
5－1	保佐開始が確定した登記事項証明書 ……………………………………… 13
5－2	保佐人の代理行為目録 ……………………………………………………… 14
5－3	登記官による認証文 ………………………………………………………… 14
6－1	補助開始が確定した登記事項証明書 ……………………………………… 15
6－2	補助人の代理行為目録 ……………………………………………………… 16
6－3	補助人の同意行為目録 ……………………………………………………… 17
7－1	発効前の任意後見の登記事項証明書 ……………………………………… 20
7－2	発効前の任意後見の代理権目録 …………………………………………… 21
8－1	任意代理契約（財産管理委任契約書）の文例 …………………………… 23
8－2	任意代理契約（財産管理委任契約書）に付随する代理権目録 ………… 26
9－1	任意後見発効手続（任意後見監督人選任申立書）の扉表紙 …………… 28
9－2	任意後見発効手続の申立事情説明書 ……………………………………… 30
9－3	任意後見発効手続の任意後見受任者事情説明書 ………………………… 34
9－4	任意後見発効手続の委任者の親族関係図 ………………………………… 36
9－5	任意後見発効手続の委任者の財産目録 …………………………………… 37
9－6	任意後見発効手続の委任者の収支状況報告書 …………………………… 38

9－7	任意後見発行手続の委任者の診断書	39
10	発効後の任意後見の登記事項証明書	41
11－1	未成年後見の戸籍	44
11－2	未成年後見人選任の審判書	46
12－1	複数後見・分掌型の登記事項証明書	48
12－2	複数後見・分掌型の権限行使分掌の定め	49
13－1	複数補助・分掌型の登記事項証明書	51
13－2	複数補助・分掌型の代理行為目録（財産管理）	52
13－3	複数補助・分掌型の代理行為目録（身上監護）	53
13－4	複数補助・分掌型の登記事項証明書の別紙目録	55
14－1	複数後見・共同型の登記事項証明書	57
14－2	複数後見・共同型の権限行使の定め	58
15	後見人に監督人がついている登記事項証明書	61
16	代理権の共同行使の特約目録	63
17	後見人が変更した登記事項証明書	65
18	本人死亡による閉鎖登記	68
19	任意後見から後見等へ変更した閉鎖登記事項証明書	70
20	保佐・補助類型の代理行為目録に記載されうる内容と表記	74
21	任意後見の代理権目録に記載されうる表記	77
22	預貯金、保険、遺産に関する代理行為目録	81
23	家事審判申立書（一般用）	83
24	代理権が拡張された登記事項証明書	86
25	当初の代理行為目録	87
26	拡張された代理権の内容を示す代理行為目録	88
27	特別代理人選任申立書	92
28	代理行為項目間に関連（制限）のない代理行為目録	95
29	代理行為項目間に関連（制限）のある代理行為目録	96
30	信託取引を含む代理行為目録	98
31	不動産取引を含む代理行為目録	103
32	被後見人等の居住用不動産処分の許可審判申立ての文例	104
33	家庭裁判所に提出する居住用不動産処分許可申立書	105
34	居住用不動産売却に対する親族等からの同意書	107
35	居住用不動産処分許可審判の文例	108

36	一般的な代理行為目録	113
37	主に補助類型の同意行為目録に記載されうる内容と表記	118
38	保佐人による同意書	120
39	保佐人による追認書	121
40	保佐人の同意にかわる許可審判申立ての文例	125
41	家庭裁判所からの許可行為目録の文例	126
42	金額の表示のある同意行為目録	128
43	在宅の被補助人に一般的な同意行為目録	130
44	権利関係が特定できない同意行為目録	133
45	保証に関する事項のある同意行為目録	135
46	元本と相続に関する事項のある同意行為目録	137
47	訴訟と新築等と賃貸借に関する同意行為目録	140
48	財産管理者選任の審判書	143
49	金融機関に対する財産管理者からの要請	144
50-1	後見制度支援信託設定のための複数後見・分掌型の登記事項証明書	148
50-2	後見制度支援信託設定のための権限行使の定め目録	149
50-3	家庭裁判所に対する信託設定後見人からの報告書	150
50-4	後見制度支援信託に関する家庭裁判所からの指示書	150
50-5	後見制度支援信託設定後の登記事項証明書	151
50-6	複数後見・分掌型の取消目録	153
50-7	複数後見・分掌型の定めの目録	154
51	被後見人の財産調査に関する委任状	156
52	被後見人の死後事務に関する委任契約書	158
53	後見人等に対する報酬のめやす・東京家庭裁判所	160
54	後見人等に対する報酬のめやす・横浜家庭裁判所	161
55	後見事務費用等に関する一覧表・大阪家庭裁判所	163

第1章

後見の登場人物

本章では、金融機関の取引相手となる後見の登場人物を把握します。

1 後見の登場人物とその確認方法

　後見人との取引において金融機関が目にする主な書類は、「登記事項証明書」「戸籍」「審判書」「審判確定証明書」「委任状」の5種類です。

① 登記事項証明書

　後見、保佐、補助、任意後見に関する事項が記載されています。具体的には、いつ、どこで、だれが、だれの後見人になったことに加え、後見人に付された権限の内容（代理行為目録、同意行為目録）が記載されています。登記事項証明書の入手費用は550円です。登記事項証明書に記載されている当事者と、被後見人の4親等内の親族からの請求に基づき東京法務局が交付します。

② 戸　　籍

　未成年後見に関する事項が記載されています。いつ、だれが、だれの後見人になったということが記載されています。指定未成年後見の場合は未成年後見人が、選定未成年後見の場合は家庭裁判所が、未成年被後見人の本籍地のある自治体に届け出ることで記載されます。後見、保佐、補助、任意後見と違い未成年後見の場合、付された代理権や同意権の内容は記載されません。

③ 審 判 書

　登記事項証明書や戸籍に記載される事柄の元になる審判内容が書かれています。家庭裁判所が当事者に郵送します。審判後、後見、保佐、補助の類型に対しては2週間の抗告期間があります。この期間に抗告があれば審判内容に変更が発生しうるので、抗告前の審判書の内容が無効となる可能性もあります。よって、審判書だけでは実務に堪えないことがありえます。

④ 審判確定証明書（資料1）

　審判の効力が確定したことを示す書類です。入手費用は150円です。当事者や利害関係を疎明する者からの請求を受け、裁判をした家庭裁判所が交付します。内容は確定しているのですが、審判書のエッセンスだけ記載されるため情報量が不十分につき、実務に堪えないことがあります。

⑤ 委 任 状

　後見人や被後見人が委任者である委任状（私文書）です。後見人がだれかに仕事を頼むとき、被後見人が後見人以外に何かを頼むときに使用されます。金融機関としては、委任者の意思を確認し、委任状に基づき、受任者に対応するかしないか決定しましょう。

　以上より、金融機関の取引相手となる後見の登場人物は大きく2種類に分かれます。「登記事項証明書で確認できる人物（表1）」と「登記事項証明書では確認できない人物（表2）」です。後見の登場人物や確認方法を把握しましょう。

表1　登記事項証明書で確認できる人物

類　型		被後見人等	後見人等	監督人
後見		成年被後見人	成年後見人	成年後見監督人
保佐		被保佐人	保佐人	保佐監督人
補助		被補助人	補助人	補助監督人
任意後見	発効後	任意後見契約の本人	任意後見人	任意後見監督人
	発効前	任意後見契約の本人	任意後見受任者	存在しない

（注）　後見人等解任審判前の職務代行者も登記されます。

表2　登記事項証明書では確認できない人物とその確認方法

人　物	確認方法
未成年後見人 未成年被後見人 未成年後見監督人	戸籍
法人後見の場合の後見等担当者	法人が交付する委任状
履行補助者	後見人等による委任状
復代理人	後見人等による委任状
特別代理人	家庭裁判所の審判書
臨時保佐人	家庭裁判所の審判書
臨時補助人	家庭裁判所の審判書
後見等開始審判前の財産管理者	家庭裁判所の審判書もしくは審判確定証明書

【資料1】　後見開始の審判確定証明書

```
                  審 判 確 定 証 明 書

事件の表示    平成○年（家）第○○○号
              後見開始の審判申立事件

当事者の表示  申立人    甲 野    太 郎
              本 人    甲 野    一 郎

審判年月日    平成○○年○月○日

確定年月日    平成○○年○月○日

上記のとおり証明する。

        平成○○年○月○日
           東京家庭裁判所
                裁判所書記官    法 務    太 郎        公印
```

2 後見人と履行補助者・復代理人

　後見人は、自然人でも法人でも、単独でも複数でも、被後見人の家族でも家族以外でも、外国人でも日本人でも、なりえます。ただし、「未成年者、行方知れず、自己破産して復権していない人、被後見人と係争中の人及びその家族、後見人の職を解任されたことのある人」のいずれかに該当する人は後見人になれません（選任されません）。逆に、ほとんどの人が後見人になりえることがわかります。

　後見人になってからは、自己服務の原則が適用されます。後見人として選任された以上、自らが後見業務を行うべきという考えです。ただ、後見人が決めたことを単純に実行するだけの場合、後見人は他人に頼むことができます。いわゆる「履行補助者（使者、代行者）」です。弁護士等の士業が後見人である場合、その事務員が履行補助者としてしばしば利用されますが、金融機関としては、後見人がその人に頼んでいることを確認できない場合、あるいは、その頻度があまり多いようであれば取引を忌避してもかまいません。その場でその履行補助者が判断しているような場合、これに応じることは適切ではありません。履行補助者は判断してはいけない立場だからです。

　後見人自らが行うより効率がよいということで、不動産売却や訴訟等の専門業務をその道のプロに頼む後見人もいます。いわゆる「復代理人」です。復代理人は、履行補助者と異なり、ある行為について、後見人から委任を受けて、自ら決定し実行する人です。履行補助者は後見人の代行者ですが、復代理人は被後見人の代理人となりますので、復代理人にかかる費用は被後見人の財産から、後見人を経由し支払われます。後見の知識に乏しい家族が後見人となり、実際は、何かしらの士業が復代理人として仕事を多くするケースもみられます。

　この頻度によっては、後見人に課された自己服務の原則から大きく逸脱するので、取引を留保し、家庭裁判所に相談することが望まれます。

3 後見人が法人の場合

　法人が後見人である場合、その法人格は社会福祉法人、特定非営利活動法人（NPO法人）、一般財団法人ないし公益財団法人、一般社団法人ないし公益社団法人、生活協同組合などです。制度上、地方自治体や株式会社なども後見人になりえますが、それらが後見人となった実績は日本では見当たりません。いずれにせよ、法人後見の数は年々増加し、2015年7月現在、特定営利法人で定款に「後見事業」を入れているところは324あります（内閣府ホームページ）。

　法人後見の構成員は元金融機関職員、一般の退職シニア、ファイナンシャルプランナー、ケアマネジャー、民生委員その他が多いようです。知的障害者の親たちが立ち上げた後見NPO法人もあります。自分たち亡き後の子の生活及び後見の継続が心配だからです。

　法人後見の場合、法人内で個別案件の担当者を特定することが通常です。担当者を特定しないと、業務遂行上の権限や責任が不透明になるからです。この特定がないと、対峙する金融機関からしても、法人の構成員であればだれにでも対応することになり業務が煩雑になります。担当者を特定していない法人があれば、「担当者の特定」を求めましょう。ある法人で実際に利用されている担当者への委任状を紹介します（資料2）。同法人は、この人以外に当該案件に関する後見事務を委任していないので、金融機関は、この委任状に記載された人物にのみ対応することになります。担当者の行動についての疑義は、その法人、家庭裁判所、被後見人、被後見人の親族などに連絡しましょう。

【資料2】 法人後見における担当者への委任状

(包括委任状)

発行番号　平成　年(家)第　　号

委　任　状

当法人が　　　　から選任された

平成　年(家)第　　号
開始(被後見人　　　、昭和　年　月　　日生)
の審判事件につき、
当法人の会員である
　　(住　所)
　　(事務所)
　　(会員名)
を代理人とし、下記事項を処理する一切の権限を委任する。

記

1. 当法人が成年後見人の場合は、法律に基づく業務一切
2. 当法人が保佐人の場合は、法律に基づく業務一切のほか、別紙同意行為目録、代理行為目録に記載されている業務一切
3. 当法人が補助人の場合は、法律に基づく業務一切のほか、別紙同意行為目録、代理行為目録に記載されている業務一切

以上

平成○○年○月○日
○○市○○区○○1丁目1番1号
○○ビル1階101号室
NPO法人○○○○
代表者　理事　○○○○

4　登記事項証明書の表記内容

後見に関する登記事項証明書上の表記に注目しましょう。

① 後見類型（資料3）

右上に後見と記されます。

　ア　後見開始の裁判

【裁判所】その裁判を行った家庭裁判所名です。裁判が支部で行われた場合、○○家庭裁判所○○支部と記されます。後見の裁判は、後見される人が居住する家庭裁判所で行われます。

【事件の表示】その裁判が行われた和暦に加え、その家庭裁判所で、その和暦において何番目の家事事件なのか記されます。この順番号は後見に限りません。家事事件は後見以外にもあるからです。

【裁判の確定日】その裁判が確定した年月日です。この日付の2週間ほど前に、この裁判の審判が下りたことがわかります。

【登記年月日】確定した裁判内容が登記された年月日です。すべての後見登記は、東京法務局に集約されます。

【登記番号】左半分は裁判が行われた西暦で、右半分は、その西暦において全国で何番目の後見なのか記されます。平成26年1月から12月までの1年間で3万2317件の新規登記がなされています。

　イ　成年被後見人

【氏名】成年被後見人の氏名です。
【生年月日】成年被後見人の生年月日です。
【住所】成年被後見人の住民票記載の住所地です。
【本籍】成年被後見人の本籍地です。

　ウ　成年後見人

【氏名】成年後見人の氏名です。法人の場合は【氏名】が【名称又は商号】

【資料3】 後見開始が確定した登記事項証明書

登 記 事 項 証 明 書

後 見

後見開始の裁判
　【裁　判　所】東京家庭裁判所
　【事件の表示】平成27年（家）第12345号
　【裁判の確定日】平成27年7月1日
　【登記年月日】平成27年7月3日
　【登記番号】第2016－4321号

成年被後見人
　【氏　　　名】東京太郎
　【生年月日】昭和3年4月5日
　【住　　　所】東京都○○区○○1丁目1番1号
　【本　　　籍】東京都○○区○○1丁目1番地

成年後見人
　【氏　　　名】東京花子
　【住　　　所】東京都○○区○○2丁目2番2号
　【選任の裁判確定日】平成27年7月1日
　【登記年月日】平成27年7月3日

上記のとおり後見登記等ファイルに記録されていることを証明する。

　　平成27年8月1日
　　　　東京法務局　登記官　　日　本　二　郎

公印

［証明書番号］　2015－1111－2222（1／1）

第1章　後見の登場人物　9

となり、例えば特定非営利活動法人○○○○と記されます。法人代表者の氏名は記されません。個人にしても法人にしても、氏名や名称又は商号に変更があれば【従前の記録】として履歴記載されます。

【住所】成年後見人の住民票記載の住所地です。法人の場合は【住所】が【主たる事務所又は本店】となり、その住所地が記載されます。住所地に変更があれば【従前の記録】として履歴記載されます。

【選任の裁判確定日】成年後見人となる裁判が確定した年月日です。

【登記年月日】確定した裁判内容が登記された年月日です。

　登記事項証明書の下から3行目の日付は、登記事項証明書の交付日です。金融機関のなかには、実務において、取引日の3ヶ月以内の登記事項証明書を求めることがあるようですが、ことの本質は審判内容の確定の確認につき、例えば「登記内容に変更がない」旨、後見人から書面等で確認することで実務上のリスクは回避できると思われます。

　右下の［証明書番号］は、登記事項証明書の整理番号です。最初の4桁は西暦で、それ以降は所管法務局が事務的に付す整理番号です。よって、法務局により表記が異なり一部アルファベットが入る場合もあります。いずれにせよ、この表記は金融機関の後見人対応実務に影響を及ぼしません。

　登記事項証明書の存在を知らないか、その入手方法がわからずに、家庭裁判所から送付された審判書だけをもって金融機関に来る後見人もいます。家庭裁判所や公証人から説明があったかもしれませんという前提で、あらためて、登記事項証明書の入手方法を後見人に説明しましょう。

　登記事項証明書の交付を求めることができるのは、登記事項証明書に掲載されている人物及び被後見人の4親等内の親族です。後見登記が集約している東京法務局民事行政部後見登録課に訪問ないし郵送で交付を求めます（資料4）。地元の法務局で入手できる場合もあります。それができない場合、地元の法務局経由で東京法務局から入手します。登記事項証明書の交付を求めることができる人がだれかに頼んで当該事務を行うことも可能ですが、委

【資料4】 後見に関する登記事項証明申請書

登記事項証明申請書
（成年後見登記用）

法務局　御中
平成　年　月　日申請

請求される方 （請求権者）	住　所	
	（フリガナ）	
	氏　名	連絡先（電話番号　－　－　）

収入印紙を貼るところ
収入印紙は割印をしないでここに貼ってください。

請求される方の資格
1 □本人（成年被後見人、被保佐人、被補助人、任意後見契約の本人、後見・保佐・補助命令の本人）
2 □成年後見人　　6 □成年後見監督人　7 □保佐監督人　8 □補助監督人
3 □保佐人　　　　9 □任意後見監督人　10 □配偶者　11 □四親等内の親族
4 □補助人　　　　12 □未成年後見人　13 □未成年後見監督人　14 □職務代行者
5 □任意後見受任者　15 □財産の管理者
　（任意後見人）

代理人 （上記の方から頼まれた方）	住　所	
	（フリガナ）	
	氏　名	連絡先（電話番号　－　－　）

添付書類
□戸籍謄本または抄本など本人との関係を証する書面
　（上欄中10、11、12、13の方が申請するときに必要。発行から3か月以内のもの）
□委任状（代理人が申請するときに必要）
□法人の代表者の資格を証する書面
　（上欄中2～9の方が法人であるときに必要。発行から3か月以内のもの）

後見登記等の種別及び請求の通数
□後見　□保佐　□補助　　　（　　通）
□任意後見契約　　　　　　　（　　通）
□後見命令　□保佐命令　□補助命令　（　　通）

収入印紙は
1通につき
550円です
（ただし、1通の枚数が50枚を超えた場合は、超える50枚ごとに100円が加算されます）

●登記記録を特定するための事項

（フリガナ）	
本人の氏名 （成年被後見人等）	

（登記番号がわかっている場合は、記入してください。）

登記番号	第　　　－　　　号

（登記番号が不明の場合に記入してください。）

本人の生年月日	明治・大正・昭和・平成／西暦　　年　月　日生
本人の住所	
または本人の本籍 （国籍）	

本人確認資料
□請求権者
□代理人
□運転免許証
□健康保険証
□パスポート
□その他

交付通数		交付枚数 （合計）	手数料	交付方法	受付	年　月　日
50枚まで	51枚以上			□窓口交付 □郵送交付	交付	年　月　日

記入方法等
1　二重線の枠内の該当事項の□に☑のようにチェックし、所要事項を記入してください。
2　「登記記録を特定するための事項」には、登記番号が判っている場合は、本人の氏名と登記番号を、不明な場合は本人の氏名・生年月日・住所または本籍（本人が外国人の場合には、国籍）を記載してください。
3　郵送請求の場合には、返信用封筒（あて名を書いて、切手を貼ったもの）を同封し下記のあて先に送付してください。
　申請書送付先：〒102-8226　東京都千代田区九段南1－1－15　九段第2合同庁舎
　　　　　　　　東京法務局民事行政部後見登録課

証明書申請の際、請求される方（代理人申請の場合は代理人）の本人確認に関する書類（運転免許証・健康保険証・パスポート等、住所・氏名及び生年月日が分かる書類）を提示していただきますようお願いたします。
郵送申請の場合は、申請書類とともに、上記本人確認書類のコピーを同封していただきますようお願いいたします。

任状などが必要です。登記事項証明書の入手費用は550円です。この費用は後見事務費として、家庭裁判所を通じて被後見人の財産からとることができますが、後見人が立て替えることが多いようです。

○東京法務局民事行政部後見登録課

　〒102-8226

　東京都千代田区九段南1-1-15　九段第2合同庁舎4階

　電話番号　03-5213-1360

　取扱時間　8：30～17：15

② **保佐類型**（資料5-1）

　保佐類型の場合、どの裁判所で、いつ、だれが被保佐人になり、だれが保佐人になったかという記載に加え、「代理行為目録」（資料5-2）と「登記官による認証文」（資料5-3）が付されます。代理行為目録の内容は事案によって異なりますが、代理行為目録に記載のない行為は保佐人といえども代理することはできません。代理については第2章で詳述します。

③ **補助類型**（資料6-1）

　補助類型の場合、どの裁判所で、いつ、だれが被補助人になり、だれが補助人になったかという記載に加え、「代理行為目録」（資料6-2）と「同意行為目録」（資料6-3）の両方、もしくは、そのいずれかが付されます。内容は事案によって異なりますが、代理行為目録に記載のない行為は補助人といえども代理することはできません。同じく、同意行為目録に記載のない行為は補助人といえども同意することはできません。同意については第3章で詳述します。

【資料5-1】 保佐開始が確定した登記事項証明書

登 記 事 項 証 明 書

保 佐

保佐開始の裁判
　【裁　判　所】横浜家庭裁判所
　【事件の表示】平成28年（家）12345
　【裁判の確定日】平成28年10月1日
　【登記年月日】平成28年10月3日
　【登記番号】第2016-4321号

被保佐人
　【氏　　名】横浜一郎
　【生年月日】昭和12年12月12日
　【住　　所】神奈川県横浜市〇〇区〇〇1丁目2番3号
　【本　　籍】神奈川県横浜市〇〇区〇〇1丁目2番地

保佐人
　【氏　　名】横浜二郎
　【住　　所】神奈川県川崎市〇〇区〇〇2丁目3番4号
　【選任の裁判確定日】平成28年10月1日
　【登記年月日】平成28年10月3日
　【代理権付与の裁判確定日】平成28年10月1日
　【代理権の範囲】別紙目録記載のとおり
　【登記年月日】平成28年10月3日

[証明書番号]　〇〇〇〇-〇〇〇（〇／〇）

【資料5－2】 保佐人の代理行為目録

登 記 事 項 証 明 書 （別 紙 目 録）

　　　　　　　　　　　　　　　　　　　　　　　　　保　佐

代理行為目録

（別紙）
代 理 行 為 目 録

1　本人の不動産に関する取引（売却、賃貸）
2　住居等の新築・増改築・修繕に関する請負契約の締結・変更・解除
3　預貯金に関する金融機関等との一切の取引（解約・新規口座の開設を含む）
4　保険契約の締結・変更・解除
5　保険金の請求及び受領
6　介護契約その他の福祉サービス契約の締結・変更・解除及び費用の支払
7　要介護認定の申請及び認定に関する不服申立て
8　福祉関係施設への入所に関する契約（有料老人ホームの入居契約等を含む。）の締結・変更・解除及び費用の支払
9　医療契約及び病院への入院に関する契約の締結・変更・解除及び費用の支払
10　以上の各事務の処理に必要な費用の支払
11　以上の各事務に関する一切の事項

以上

登記年月日　平成○○年○月○日
　　　　　　　　　　　　　　　[証明書番号]　○○○○－○○○（○／○）

【資料5－3】 登記官による認証文

上記のとおり後見登記等ファイルに記録されていることを証明する。

　　平成○○年○月○日
　　　　○○法務局　登記官　　法　務　太　郎

公　印

　　　　　　　　　　　　　　　[証明書番号]　○○○○－○○○（○／○）

【資料6-1】 補助開始が確定した登記事項証明書

登 記 事 項 証 明 書

補　助

補助開始の裁判
　【裁　判　所】大阪家庭裁判所
　【事件の表示】平成○○年（家）
　【裁判の確定日】平成○○年○月○日
　【登記年月日】平成○○年○月○日
　【登記番号】第○○-○○○○号

被補助人
　【氏　　　名】法務一郎
　【生年月日】昭和○○年○月○日
　【住　　　所】東京都○○区○○1丁目1番1号
　【本　　　籍】東京都○○区○○1丁目2番地

補助人
　【氏　　　名】法務二郎
　【住　　　所】東京都○○区○○1丁目1番1号
　【選任の裁判確定日】平成○○年○月○日
　【登記年月日】平成○○年○月○日
　【代理権付与の裁判確定日】平成○○年○月○日
　【代理権の範囲】別紙目録記載のとおり
　【登記年月日】平成○○年○月○日
　【同意を要する行為の定めの裁判確定日】平成○○年○月○日
　【同意を要する行為】別紙目録記載のとおり
　【登記年月日】平成○○年○月○日

[証明書番号]　○○○○-○○○（○／○）

第1章　後見の登場人物　15

【資料6-2】 補助人の代理行為目録

登 記 事 項 証 明 書 （別 紙 目 録）

補 助

代理行為目録

代 理 行 為 目 録

1　被補助人の所有するすべての財産の管理・保存・処分
2　○○県○○市○○町○番○号老人ホーム○○に関する賃貸借契約の締結・変更・解除
3　預貯金の管理（口座の開設・変更・解約・振込み・払戻し）
4　定期的な収入（家賃収入・年金等の受領）の管理
5　定期的な支出（ローン支払い・家賃支払い・病院費用等）の管理
6　実印・銀行印・印鑑カード等の保管に関する事項
7　介護契約等に関する事項
　(1)　介護サービスの利用契約
　(2)　老人ホームの入居契約
8　医療（病院への入院等）契約の締結・変更・解除

登記年月日　平成○○年○月○日
　　　　　　　　　　　　　　　［証明書番号］　○○○○－○○○（○／○）

【資料6－3】 補助人の同意行為目録

登 記 事 項 証 明 書 （別 紙 目 録）

補 助

同意行為目録

同 意 行 為 目 録

1　借財又は保証をすること
2　不動産その他重要な財産に関する権利の得喪を目的とする行為をすること
3　新築、改築、増築又は大修繕をすること

登記年月日　平成○○年○月○日
　　　　　　　　　　　　　　　　［証明書番号］　○○○○－○○○（○／○）

④　任意後見

　任意後見の登記事項証明書は１事案に２種類あります。任意後見契約が「発効する前」のものと「発効してから」のものです。一見、同様にみえますが効力については決定的な差異がありますので注視して取り扱いましょう。

　　ア　任意後見契約が発効する前の登記事項証明書（資料７－１）

　右上に任意後見と記されます。記載内容は「任意後見契約」「任意後見契約の本人」「任意後見受任者」の３種です。

ⅰ　任意後見契約

【公証人の所属】任意後見契約を公証した公証人の所属法務局名が記されます。東京の場合は東京法務局で、それ以外の場合は○○地方法務局と記されます。

　なお、任意後見契約の公証は全国どこでも可能です。任意後見契約の本人が施設にいる場合、出張公証もありえます。出張費用は10万円程度が多いようです。

【公証人氏名】任意後見契約を公証した公証人の氏名です。

【証書番号】任意後見契約が公証された和暦と、その公証役場でその和暦において何番目の公証案件なのかが記されます。この番号は任意後見に限りません。公証案件は任意後見以外にもあるからです。

【作成年月日】任意後見契約が作成（公証）された年月日です。

【登記年月日】任意後見契約が登記された年月日です。

【登記番号】任意後見契約が登記された西暦と、その右側にその西暦において全国で何番目の任意後見契約なのかが記されます。2000年の任意後見制度発足以降およそ20万件の任意後見契約が締結されたと推計されます。

ⅱ　任意後見契約の本人

【氏名】任意後見契約の委任者の氏名です。

【生年月日】任意後見契約の委任者の生年月日です。

【住所】任意後見契約の委任者の住民票記載の住所地です。

【本籍】任意後見契約の委任者の本籍地です。

ⅲ　任意後見受任者

【氏名】任意後見受任者の氏名です。このタイミングではまだ任意後見人になっていません。法人の場合、【名称又は商号】となります。

【住所】任意後見受任者の住所地です。法人の場合、【主たる事務所又は本店】となります。

【代理権の範囲】任意後見契約書に認められた代理権の内容です。事案によって内容はさまざまです。ちなみに、任意後見では「代理権目録」（資料7－2）と表記されますが、保佐・補助類型では「代理行為目録」と表されます。任意後見の場合、任意後見契約の本人が任意後見受任者に対し代理権を付与しますが、保佐・補助類型の場合、本人にかわって家庭裁判所が保佐人や補助人に代理権を付与するからです。なお、代理権に基づく行為を代理行為といいます。

○任意後見契約書で委任できる権限

　任意後見には「同意権」「取消権」は存在しません。任意後見には「代理権」のみ存在します。同意権や取消権を必要とする場合は後見、保佐、補助を利用することになります。

○任意後見契約の変更や解除

　任意後見契約の内容は発効前であれば変更可能です。代理権を増やしたい場合や任意後見受任者を追加したい場合は、公証人により追加公証してもらうことで足ります。任意後見契約は発効前であれば解除することもできます。公証人に対し、任意後見契約の本人もしくは任意後見受任者のいずれかが解除の意思表示をすることで解除できます。解除されたことは公正証書に記載されます。発効後の任意後見契約を解除したい場合は、任意後見契約の本人もしくは任意後見人のいずれかが、解除の理由を家庭裁判所に申し立て、家庭裁判所が許可すれば解除になります。

【資料7-1】 発効前の任意後見の登記事項証明書

登 記 事 項 証 明 書

任意後見

任意後見契約
　【公証人の所属】東京法務局
　【公証人氏名】〇〇〇〇
　【証書番号】平成〇〇年第〇〇〇号
　【作成年月日】平成〇〇年〇月〇日
　【登記年月日】平成〇〇年〇月〇日
　【登記番号】第〇〇〇〇-〇〇〇〇〇号

任意後見契約の本人
　【氏　　名】法務一郎
　【生年月日】昭和〇〇年〇月〇日
　【住　　所】東京都〇〇区〇〇1丁目1番1号
　【本　　籍】東京都〇〇区〇〇1丁目1番地

任意後見受任者
　【氏　　名】法務二郎
　【住　　所】東京都〇〇区〇〇2丁目2番2号
　【代理権の範囲】別紙目録記載のとおり

上記のとおり後見登記等ファイルに記録されていることを証明する。

　　平成〇〇年〇月〇日
　　　東京法務局　登記官　　日　本　二　郎

公印

［証明書番号］　〇〇〇〇-〇〇〇（〇/〇）

【資料7-2】 発効前の任意後見の代理権目録

登 記 事 項 証 明 書

任意後見

代理権目録
1 甲が次の金融機関等に保有する預貯金（普通、定期、通常、積立その他名称・種類を問わない）及通帳、証書、登録印鑑の管理
　① ○○銀行（○○支店扱い）
　② ○○銀行（○○支店扱い）
　③ その他甲名義で口座を開設している全ての金融機関
2 年金（国民年金、厚生年金、厚生老齢年金その他種類・名称を問わない）証書、年金受領用口座の通帳、登録印鑑の管理
3 ○○市○○区役所に登録済の印鑑（実印）、印鑑登録カード、その他各種カードその他前記1、2に記載した以外の財産の管理
4 定期的な収入の受領、定期的な支出を要する費用の支払に関する事項
5 生活に必要な物品の取得及び支払に関する事項
6 甲の生活費（医療費用、介護費用を含む）を支弁するのに必要な限度で、甲が保有する前記預貯金等の払戻しその他の処分
7 介護契約、その他福祉サービス利用に関する契約の締結、変更、解除、支払に関する事項
8 福祉関係施設への入所に関する契約（有料老人ホームへの入所契約等を含む。）並びに医療施設への入院に関する契約の締結、変更、解除、支払に関する事項
9 登記及び供託の申請、税務申告、各種証明書の請求、その他行政機関等への申請、行政不服申立て、紛争の処理に関する事項
10 紛争の処理に関し、弁護士を依頼すること
11 以上の各事務を処理するに際し、必要が有れば、復代理人の選任又は事務代行者の指定に関する事項

以上

登記年月日　平成○年○月○日

　　　　　　　　　　　［証明書番号］　○○○○－○○○（○／○）

○任意後見受任者への対応

　金融機関は「任意後見受任者」からの要請に一切応じてはいけません。任意後見契約が発効していないからです。つまり、代理権目録記載のすべての行為について任意後見受任者はいまだ「無権代理人」です。あらためて、金融機関は任意後見受任者に応じてはいけません。

○任意後見契約と任意代理契約

　任意後見契約にあわせて「任意代理契約」を締結している場合があります。判断能力があるうちは任意代理契約で業務を委任し、判断能力が不十分になってからは、任意代理契約を終了させ任意後見契約に切り替え業務を委任することになります。この場合、任意代理契約の受任者と任意後見契約の受任者が同一人物になることが多くあります。この二つの契約を一つの公正証書にする場合も多くあります。その場合、任意後見契約の内容は登記されますが、任意代理契約の内容は登記されません。

　この二つの契約のうち任意後見契約のみ公正証書にして、任意代理契約は当事者間の私文書で取り交わすこともあります。この場合、金融機関は、任意代理契約の受任者の権限について「財産管理委任契約書」（資料8－1）などと表される任意代理契約書や委任状を徴求します。その代理権目録（資料8－2）の内容を確認し、求められる預貯金や金融商品に対し代理権があるかないか見極めたうえで、対応するかしないか決定します。

　金融機関が、任意後見契約と連動する任意代理契約の受任者に応じる場合、委任者の判断能力の現状確認が必要となる可能性があります。委任者の判断能力が低下していれば、現時点における委任契約の有効性が問われるからです。

【資料8－1】 任意代理契約（財産管理委任契約書）の文例

財 産 管 理 委 任 契 約 書

委任者 甲野太郎（以下、「甲」という。）と、受任者 春野太郎（以下、「乙」という。）は、次のとおり財産管理委任契約（以下、「本契約」という。）を締結する。

第1条（契約の締結）
　甲は、乙に対し、本契約の定めるところにより、甲所有の財産の管理（以下、「本件管理事務」という。）を委任し、乙はこれを受任する。

第2条（契約の目的）
　本契約は、甲の心身の状況を十分配慮した上で、その財産の適切な保全、管理及び有効な利用を目的とする。

第3条（任意後見契約との関係）
　甲が任意後見契約に関する法律による管理事務を希望する場合には、乙は受任者としてこの法律による任意後見契約を締結する。

第4条（事務処理の基準）
　1　乙は、法令に従い善良な管理者の注意をもって本件管理事務の処理に当たるものとする。
　2　乙は、本件管理事務を行うに当たり、必要に応じ履行補助者を使用することができる。

第5条（管理事務の範囲）
　甲が乙に委任する管理事務は、本件事務管理であり、その事務管理の範囲は、別紙代理行為目録記載のとおりである。

第6条（対象財産）
　1　乙が本件管理事務を行う財産（以下、「本件管理財産」という。）は、別紙財産目録記載の財産及びその果実とする。
　2　本契約締結以降に、相続、贈与、遺贈、その他の事由により甲の財産が増加したときは、当然に本件管理財産に含まれるものとする。
　3　前項により本件管理財産の対象となった財産のうち、乙が確知し得ないものについては、乙は本件管理事務の責を負わない。

第7条（身上配慮義務）
　乙は、本契約に基づく財産管理を行うに当たり、適宜甲及びその家族等に面接を行う等して、甲の身上について配慮する。

第8条（証書類の引渡し及び使用）
　1　乙は、本件管理事務を行うに当たって、必要があるときは、別紙代理行為目録に基づき証書類の引渡しを求めることができる。

2 乙は、前項により証書類の預託を受けたときは、甲に対し遅滞なく預り証を交付する。

第9条（費用負担）
 1 本件事務管理の処理に要する費用は、甲の負担とする。
 2 乙は、前項の費用支出の事前又は事後に、本件管理財産からその費用の支払を受けることができる。

第10条（報酬）
 1 甲は、乙に対し、本件管理事務に関する調査手数料として、金○万円（消費税込み）を、平成○年○月○日までに支払う。
 2 甲は、乙に対し、本件管理事務のうち、通常の事務に属する管理手数料として金○万円（消費税込み）を、毎月末日限り支払う。
 3 前項の報酬額が、下記の事由により不相当となった場合は、甲乙協議のうえこれを変更することができる。
  ① 本件管理事務の内容あるいは範囲の変更
  ② 甲の健康状態・生活状況の変化
  ③ 経済情勢の変動
  ④ その他現在の報酬を不相当とする事情の発生
 4 乙の管理事務が、不動産等の売却処分、訴訟行為その他通常の管理事務の範囲を越えた場合は、甲は、第2項の管理手数料とは別に相当額の報酬を支払う。

第11条（変更契約）
 　第5条（管理事務の範囲）、第6条（対象財産）及び第10条第2項（管理手数料）の内容を変更する場合は、甲乙間の書面による変更契約によらなければ効力を生じない。

第12条（報告）
 1 乙は、甲に対し、下記の書類を添付して速やかに着手報告書を、その後6か月毎に定期報告書を、終了したときは遅滞なく終了報告書を提出しなければならない。
 2 前項の報告書には下記の書類を添付しなければならない。
  ① 財産目録
  ② 預貯金の通帳の写し又は残高証明書
  ③ 登記簿謄本その他重要書類の写し
  ④ 甲の健康及び生活状況調査書
  ⑤ 収支計算書
 3 甲は、乙に対し、いつでも事務処理の状況について報告を求めることができる。

第13条（甲からの解除）

1　甲は、乙に対し、2か月前の書面で予告することにより、本契約を解除することができる。乙の疾病、遭難その他予告期間を置くことを不相当とする事由がある場合は、甲は直ちに本契約を解約することができる。
2　甲は、乙に本契約に違反する行為があり、相当期間を定めて催告したにもかかわらず是正されない場合は、乙に書面で通知することにより、本契約を解除することができる。
3　甲は、乙に財産の横領、隠匿その他本契約に著しく違反する行為があった場合は、乙に書面で通知することにより、直ちに本契約を解除することができる。

第14条（乙からの解除）
　　乙は、甲との間の信頼関係が失われ、本件管理事務を継続することが著しく困難となったとき、その他正当な理由があるときは、甲に対し書面で通知することにより本契約を解除することができる。

第15条（当然終了）
　　次の各号のいずれかに該当する事由が生じたときは、本契約は当然に終了する。
　① 甲又は乙が死亡し、もしくは破産手続開始決定を受けたとき
　② 甲が法定後見開始（後見・保佐・補助）の審判を受けたとき
　③ 甲について任意後見監督人が選任されたとき
　④ 乙が法定後見開始（後見・保佐・補助）の審判を受けたとき

第16条（証書類の返還）
1　本契約が終了したときは、乙は、速やかに保管中の証書類を、甲又は証書類の引渡し先に指定された者に、引き渡さなければならない。ただし、任意後見又は法定後見の手続に移行したときは、後見人らに引き渡すものとする。
2　本契約終了時に、乙が甲に対し、立替金請求権、報酬請求権等の債権を有するときは、乙は、その支払があるまで、相当な範囲で甲の証書類を留置することができる。
3　甲の死亡により本契約が終了したとき、あるいは本契約終了時に甲に証書類の受領能力がないときは、甲は、以下の者を証書類の引渡し先に指定する。
　住所　　○○県○○市○○町一丁目1番1号
　氏名　　○○　○○　　　　甲との関係　　めい

平成○○年○月○日
　　　　　　甲（委任者）　　住所　　○○県○○市○○町一丁目2番3号
　　　　　　　　　　　　　　氏名　　甲野　太郎　　　　　　　　㊞

乙（受任者）	住所	○○県○○市○○町三丁目2番1号	
	氏名	春野　太郎	㊞

【資料8－2】　任意代理契約（財産管理委任契約書）に付随する代理権目録

別紙

代　理　権　目　録　（財　産　管　理　委　任　契　約）

1　甲に帰属する別紙財産目録記載の預貯金に関する取引
2　定期的な収入（家賃、年金その他の社会保障給付）の領収
3　日用品以外の生活に必要な物品の購入及び設備契約並びにその用の支払
4　甲に帰属する別紙財産目録記載の財産及び本契約締結後に甲に帰属する財産並びにその果実の管理・保存
5　上記各財産及びその果実の処分・変更（賃貸借契約締結・変更・解除）
6　税金の申告・支払
7　医療契約、入院契約、介護契約、施設入所契約その他の福祉サービス利用契約等甲の身上監護に関する一切の契約の締結・変更・解除及び費用の支払

▶ こんなときどうする？

登記事項証明書の提示を後見人が拒む（しない）場合

　後見人は、代理行為をする場合、自らの立場や権限及び被後見人のために代理することを、取引の相手方に顕名することになっています。方法は「登記事項証明書」の提示が一般的です。ただ「審判書」の提示でも足りることがあります。いずれにせよ大事なことは、金融機関が、その後見人に応じようと思うに十分な顕名を後見人がしているかどうかです。後見人の顕名が不十分と思えば、十分と思うまで書類や念書を求めましょう。

○任意後見監督人選任の求め

　委任者の判断能力が相当に下がっていて、任意代理契約と任意後見契約が連動していることを認知すれば、金融機関は「任意後見に切り替えて来てください」と伝えることになるでしょう。実務的には、任意後見監督人の選任申立てを行ってもらうことになります。任意後見監督人の選任申立てができるのは、任意後見契約の本人、任意後見契約の本人の配偶者及び4親等内の親族、任意後見受任者、その他（検察官ほか）です。そのいずれかに「任意後見監督人の選任」（資料9－1～7）をするよう促すことになります。

　任意後見監督人選任の申立ての際、診断書（成年後見用）（資料9－7）も提出します。任意後見を開始する必要があるという医学的意見を家庭裁判所に提出するためです。ただ、医師のなかでもこの診断書に得手不得手があるようです。費用も数千円から数万円と幅があります。提出したものの、この診断書では「不十分」と家庭裁判所が判断すれば、10万円程度と2ヶ月程度かかる精神鑑定が家庭裁判所により命じられます。それを回避する工夫として、複数の医師による診断書（成年後見用）を提出することがあります。任意後見監督人選任手続をする人に助言してみてください。

【資料9-1】 任意後見発効手続（任意後見監督人選任申立書）の扉表紙

申立後は、家庭裁判所の許可を得なければ申立てを取り下げることはできません。

受付印	任 意 後 見 監 督 人 選 任 申 立 書
	（この欄に収入印紙800円分をはる。）
収入印紙（申立費用） 円 収入印紙（登記費用） 円 予納郵便切手 　　　　円	（はった印紙に押印しないでください。）

| 準口頭 | 関連事件番号　平成　　年（家　　）第　　　　　　　　　号 |

| 東京家庭裁判所　　　　御中
　　　　　　□立川支部
平成　　年　　月　　日 | 申 立 人 の
記 名 押 印 | 　　　　　　　　　　　　　　　　　㊞ |

| 添付書類 | （審理のために必要な場合は、追加書類の提出をお願いすることがあります。）
□本人の戸籍謄本（全部事項証明書）　□任意後見契約公正証書の写し
□本人の後見登記事項証明書　　　　□本人の診断書（家庭裁判所が定める様式のもの）
□本人の財産に関する資料　　　　　□ |

申立人	住所	〒　　－　　　　　　　　　　　　電話　（　　） 　　　　　　　　　　　　　　　　　　　　　（　　　　　方）
	フリガナ 氏名	大正 昭和　　年　　月　　日生 平成
	本人との関係	※　1　本人　2　配偶者　3　四親等内の親族（　　　　　） 　　4　任意後見受任者　5　その他（　　　　　　　）

本人	本籍	都道 府県
	住所	〒　　－　　　　　　　　　　　　電話　（　　） 　　　　　　　　　　　　　　　　　　　　　（　　　　　方）
	フリガナ 氏名	明治 大正 昭和　　年　　月　　日生 平成

（注）太わくの中だけ記入してください。　※の部分は、当てはまる番号を○で囲み、3又は5を選んだ場合には、（　）内に具体的に記入してください。

任後監督(1/2)

申　立　て　の　趣　旨		
任意後見監督人の選任を求める。		

申　立　て　の　理　由							
(申立ての理由、本人の生活状況などを具体的に記入してください。)							
任意後見契約	公正証書を作成した公証人の所属		法務局	証書番号	平成　年　第　　号		
	証書作成年月日	平成　年　月　日		登記番号	第　　－　　号		
任意後見受任者	住　所	〒　－			電話　（　　） （　　　　　方）		
	フリガナ 氏　名				大正 昭和　年月日生 平成		
	本人との関係							
	勤務先				電話　（　　）		

(注)　太わくの中だけ記入してください。

任後監督(2/2)

【資料9-2】 任意後見発効手続の申立事情説明書

申 立 事 情 説 明 書
(任意後見)

※この事情説明書は、申立人(申立人が記載できないときは、本人の事情をよく理解している人)が記載してください。

記入年月日及び記入者の氏名
　　　平成　　　年　　　月　　　日　氏名：＿＿＿＿＿＿＿＿　印
　　　(記入者が申立人以外の場合は申立人との関係：　　　　　)

あなたの平日昼間の連絡先(携帯電話又は勤務先等)を記入してください。
　　①携帯電話：＿＿＿＿＿(＿＿＿＿＿)
　　②連絡先名：＿＿＿＿＿
　　　電話番号：＿＿＿＿＿(＿＿＿＿＿)
　　　※裁判所名で電話しても　よい・差し支える　(希望時間等　　　　　)

第1　申立ての事情について
1　申立ての経緯について
(1) 任意後見契約の締結の時期及び経緯
　　契約日：　平成　　年　　月　　日
　　契約場所　□　　公証役場　　□自宅　　□病院・施設　　□
　　事情(何が契機で、どのような経緯で契約するに至ったか)

(2) 今回の任意後見監督人選任事件を申し立てるに至った事情
　　(何が契機で、下記の何を目的に申し立てるに至ったか)
　　ア　預貯金の解約又は保険金、年金、家賃等の受取りのため
　　イ　財産の購入、賃貸借又は処分(相続放棄を含む。)のため
　　ウ　金銭借入れ(本人の不動産に担保を設定するのみの場合も含む。)のため
　　エ　その他の財産管理のため
　　オ　施設入所又は福祉サービス契約のため
　　カ　裁判所の手続(遺産分割調停、訴訟等)のため
　　キ　その他

2　本人の財産の管理状況
　　　本人の財産を現在事実上管理しているのは誰ですか
　　　　□本人自身
　　　　□申立人（あなた）
　　　　□その他の人（氏名及び本人との関係　　　　　　　）
　　　　□誰が管理しているのか分からない

　　　※財産目録及び収支状況報告書を作成してください。

3　本人の親族について
(1)　本人に配偶者、子、親及び兄弟姉妹がいましたら、その方の氏名、住所等を記入してください。

番号	氏　名	年齢	本人との関係	住　所　／　電話番号
1				tel　－　－
2				tel　－　－
3				tel　－　－
4				tel　－　－
5				tel　－　－
6				tel　－　－
7				tel　－　－

(2)　前記親族の中で、この申立てを知っている人がいる場合は、その人の上記(1)番号欄に○を付けてください。

(3)　(2)の親族で、この申立て（申立てをすること自体、任意後見監督人候補者について等）に対して反対の人がいれば、その人の名前、反対の内容を記載してください。

第2　本人の状況について
1　本人の生活
本人は現在どこで生活していますか。
　　　□　病院、老人ホーム等の施設で生活している。
　　　　　施設名：
　　　　　入院日：平成　　　年　　　月　　　日
　　　　　所在地：〒　　　－

　　　　　電話　　　　　　　（　　　）
　　　　　最寄駅：　　　　線　　　　駅下車　徒歩・バス（　　　行き）・車　　　分

　　　□転院・移転予定あり（平成　　年　　月頃：移転先　　　　　　　　　）
　　　□転院・移転予定なし

　　　□　自宅（又は親族宅）で生活している。
　　　　　（同居者：　　　　　　　　　　　　　　　　）
　　　　　自宅（又は親族宅）での本人の介護は、次のとおりである。
　　　　　　　□介護サービスを受けている
　　　　　　　　（要支援状態・要介護状態区分1・2・3・4・5）
　　　　　　　□親族が介護している
　　　　　　　　（介護者：　　　　　　　　　　　　　）
　　　　　　　□介護は受けていない
　　　　　最寄駅：　　　　線　　　　駅下車　徒歩・バス（　　　行き）・車　　　分

2　本人の病歴（病名、認知症や障害の発現時期、受傷時期、受診時期、その後の通院・入院歴等）を記入してください。
（例：平成8年5月脳梗塞、平成9年9月～平成10年6月○×病院入院）

3　本人の経歴（出生、学歴、職歴、結婚、出産等）を分かる限り記入してください。

年月日	職歴・学歴	年月日	身分の変動、家族関係
	出生		□結婚・□養子縁組
	中学校卒業		

4 本人に関して、これまでに家庭裁判所の手続を利用したことがありますか。
　□ ない
　□ ある　時　期　　　平成＿＿年＿＿月頃
　　　　　　裁判所名　　＿＿＿＿＿＿家庭裁判所＿＿＿＿＿＿支部・出張所
　　　　　　申立人名　　＿＿＿＿＿＿＿＿＿＿＿＿
　　　　　　事件番号　　平成＿＿年（家）第＿＿＿＿＿号
　　　　　　事件名　　　後見開始・保佐開始・補助開始・任意後見監督人選任
　　　　　　　　　　　　その他（　　　　　　　　　　　　　　　　　　　）

5 本人のこの申立てに対する認識について
(1) 本人は任意後見契約を締結したことを記憶していますか。
　　□ 記憶している　　　□ 記憶していない

(2) 本人はこの申立てがされることを知っていますか。
　　□ 知っている

　　　　　本人は、任意後見監督人を選任(契約を発効)することに同意していますか。

　　　　　□ 同意している
　　　　　□ 同意していない
　　　　　□ 分からない（本人が理解できない場合も含む）

　　□ 分からない（本人が理解できない場合も含む）

　　□ 知らない

6 本人の現在の状況について
(1) 裁判所まで来ることは
　　□ 可能である　　□ 不可能、又は容易に来ることができない

(2) 会話能力
　　□ 会話は成り立つ　□話はできるが、意味が通じない　□発語はできない

(3) 本人が裁判所へ来ることができなければ、家庭裁判所調査官が本人のところへ面接調査に伺いますが、留意すべき点（訪問可能な時間帯、訪問する際の本人の精神面への注意等）があれば記載してください。

【資料９－３】 任意後見発効手続の任意後見受任者事情説明書

任 意 後 見 受 任 者 事 情 説 明 書

※この事情説明書は、任意後見受任者が記載してください。
記入年月日及び記入者の氏名
　　　平成　　年　　月　　日　　氏名：　　　　　　　　　　　印

　　　□ 申立人である　→　１の記載は不要です。２から記入してください。

１　あなた（任意後見受任者）の住所、氏名等を記入してください。
　(1) 住　　　所　　（〒　　－　　）　　　　電話　（　　　）
　(2) 生　年　月　日　　大正・昭和　　　年　　　月　　　日生　（　　歳）
　(3) 本人との関係　　　　　　　　　(4) 職業（勤務先）
　(5) 平日昼間の連絡先　　　　　　　　　　　電話　（　　　）

２　あなたは次のいずれかの事由に該当しますか。
　　　　□ 未成年者
　　　　□ 家庭裁判所で成年後見人等を解任された者
　　　　□ 破産者で復権していない者
　　　　□ 本人に対して訴訟をしたことがある者、その配偶者又は親子である者
　　　　□ いずれにも該当しない。

３　身上・経歴等
(1) あなたの同居家族を記入してください。

氏　名	年齢	続柄	職業（勤務先、学校名）	同居・別居の別	備考

(2) あなたの経歴（出生、学歴、職歴、結婚、出産等）を記入してください。

年月日	職歴・学歴	年月日	身分の変動、家族関係
	出生		
	中学校卒業		

(3) あなたの経済状態について記入してください。

-1/2-

① 職業：＿＿＿＿＿＿＿＿＿＿＿＿
② 収入：月収・年収　約＿＿＿＿万円　内訳：給与等＿＿＿＿万円
　　　　　　　　　　　　　　　　　　　　　年金等＿＿＿＿万円
　　　　※その他の収入（内容：　　　　　　　）＿＿＿＿万円
※夫など家族の収入で生計を立てているときは、その人の収入を記入してください。
③ 負債（借入先、借入目的、金額）　□ 負債はない。

借入先	借入目的	金　額
		万円
		万円
		万円

4　本人とあなたとの任意後見契約の効力が生ずることについて、どう思われますか。
　　□ 必要　　　□ 不要（理由をお書きください。）

5　本人の今後の療養看護の方針や計画について、お考えになっているところを具体的に記入してください。（今後の生活の拠点、必要となる医療や福祉サービス、身の回りの世話等）

6　本人の財産を適正に管理していく上で、問題点や心配なことがある場合には、具体的に述べてください。

7　あなたが、本人のために立て替えて支払ったものがあれば、その額及び内容を記載してください。

金　額	内　容

8　任意後見人の役割、責任について理解していますか。
　　□ はい
　　□ 次のことがわからない、または次の点についてもっと知りたい。

【資料9-4】 任意後見発効手続の委任者の親族関係図

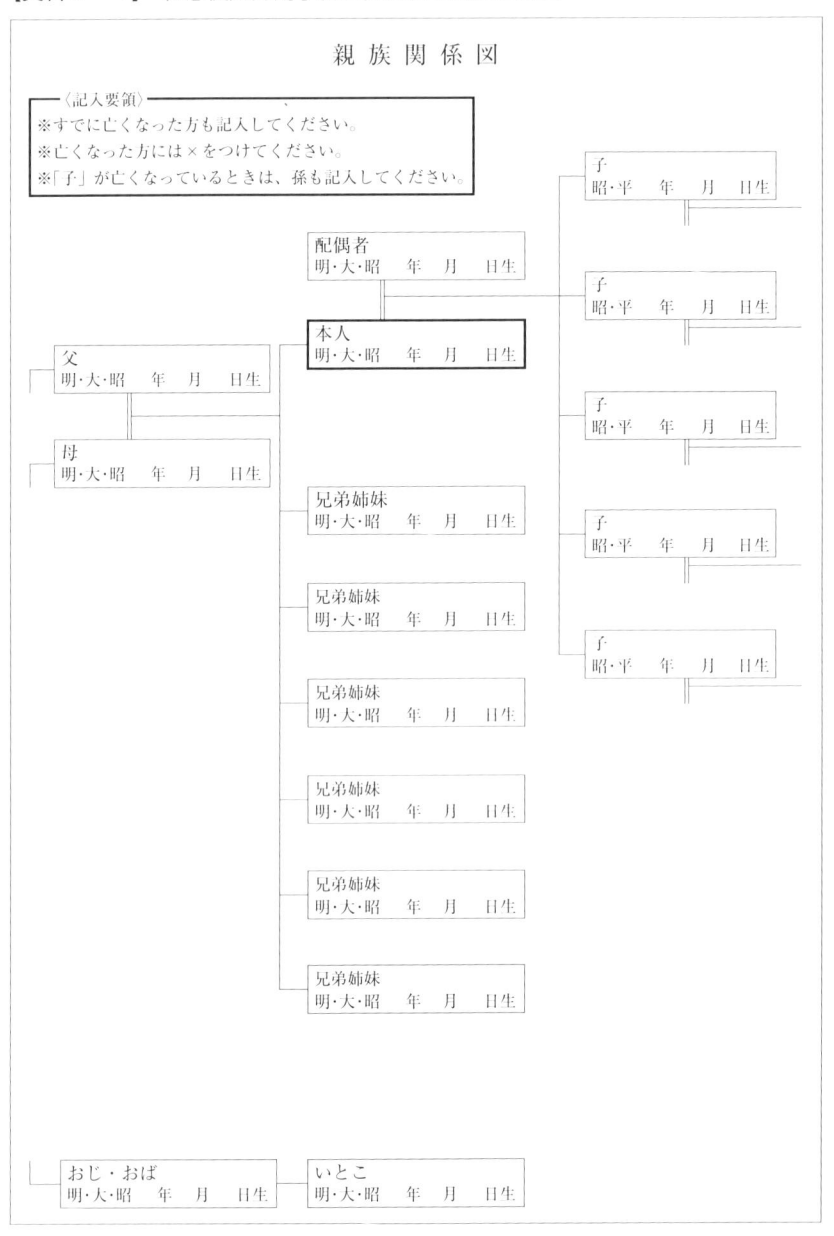

親 族 関 係 図

〈記入要領〉
※すでに亡くなった方も記入してください。
※亡くなった方には×をつけてください。
※「子」が亡くなっているときは、孫も記入してください。

配偶者	明・大・昭 年 月 日生
本人	明・大・昭 年 月 日生
父	明・大・昭 年 月 日生
母	明・大・昭 年 月 日生
子	昭・平 年 月 日生
子	昭・平 年 月 日生
子	昭・平 年 月 日生
子	昭・平 年 月 日生
子	昭・平 年 月 日生
兄弟姉妹	明・大・昭 年 月 日生
兄弟姉妹	明・大・昭 年 月 日生
兄弟姉妹	明・大・昭 年 月 日生
兄弟姉妹	明・大・昭 年 月 日生
兄弟姉妹	明・大・昭 年 月 日生
兄弟姉妹	明・大・昭 年 月 日生
おじ・おば	明・大・昭 年 月 日生
いとこ	明・大・昭 年 月 日生

【資料9-5】 任意後見発効手続の委任者の財産目録

財産目録（平成　　年　　月　現在）

1　不動産

番号	所在、種類、面積等	備　考

2　預貯金、現金

番号	金融機関名、支店名、口座番号	種類	金　額	備　考

預貯金・現金総額　　　　円

3　その他の資産（保険契約、株券、各種金融資産等）

番号	種類（証券番号等）	金額（数量）	備　考

4　負債

番号	種類（債権者）	金額（円）	備　考

負債総額　　　　円

※パソコン・ワープロ等で財産目録を作成する方は、A4用紙で上記形式の報告書を作成してください。
※この用紙を使用する方で、書ききれない場合は、用紙をコピーして使用してください。

平成　　年　　月　　日
作成者氏名　　　　　　　印

【資料9－6】 任意後見発効手続の委任者の収支状況報告書

収支状況報告書（平成　　年　　、　　月）

1　収入

番号	区分、内容	金額（円）	備　考

A　合計　　　　円

2　支出

番号	区分、内容	金額（円）	備　考
	生活費 療養費（　　　　　　　　　） 住居費（　　　　　　　　　） 税　金（　　　　　　　　　） 保険料（　　　　　　　　　）		

B　合計　　　　円

A－B＝　　　　円

【資料9-7】 任意後見発行手続の委任者の診断書

(東京家庭裁判所本庁・支部提出用)

診 断 書 （成年後見用）

平成21年4月改訂

1　氏名　　　　　　　　　生年月日　M・T・S・H　　年　　月　　日生（　　歳）
　　住所

2　医学的診断
　　診断名

　　所　見（現病歴、現在症、重症度、現在の精神状態と関連する既往症・合併症など）

　　　　　　　　　　　（該当する場合にチェック　□遷延性意識障害　□重篤な意識障害）

3　判断能力判定についての意見（下記のいずれかにチェックしてください。）
　　　□　自己の財産を管理・処分することができない。（後見相当）
　　　□　自己の財産を管理・処分するには、常に援助が必要である。（保佐相当）
　　　□　自己の財産を管理・処分するには、援助が必要な場合がある。（補助相当）
　　　□　自己の財産を単独で管理・処分することができる。
　　判定の根拠
　(1) 見当識
　　　□障害がない　□まれに障害が見られる　□障害が見られるときが多い　□障害が高度
　(2) 他人との意思疎通
　　　□できる　　　□できないときもある　　□できないときが多い　　　□できない
　(3) 社会的手続や公共施設の利用（銀行等との取引、要介護申請、鉄道やバスの利用など）
　　　□できる　　　□できないときもある　　□できないときが多い　　　□できない
　(4) 記憶力
　　　□問題がない　□問題があるが程度は軽い　□問題があり程度は重い　□問題が顕著
　(5) 脳の萎縮または損傷
　　　□ない　　　　□部分的に見られる　　　□著しい　　　　　　　　　□不明
　(6) 各種検査
　　　長谷川式認知症スケール　　（□　　点（　月　　日実施)、□未実施　□実施不可）
　　　MMSE　　　　　　　　　　（□　　点（　月　　日実施)、□未実施　□実施不可）
　　　その他の検査
　(7) その他特記事項
　　　備　考（本人以外の情報提供者など）

以上のとおり診断します。　　　　　　　　　　　　　　　平成　　年　　月　　日
担当医師氏名／担当診療科名
　氏　名　　　　　　　　　　　　　印　　　　（　　　　　　　科）
病院又は診療所の名称・所在地
　　　　　　　　　　　　　　　　　　tel　　　（　　　）
　　　　　　　　　　　　　　　　　　fax　　　（　　　）

イ　任意後見契約が発効した後の登記事項証明書（資料10）
　発効前と同じく、右上に任意後見と記されます。記載内容は「任意後見契約」「任意後見契約の本人」「任意後見人」「任意後見監督人」の４種です。発効前は３種でしたので一つ情報が増えることになります。
ⅰ　任意後見契約
　発効前の内容と同一です。
ⅱ　任意後見契約の本人
　発効前の内容と同一です。
ⅲ　任意後見人
　発効前の「任意後見受任者」が発効後は「任意後見人」になります。それ以外は「代理権目録の内容」を含め、発効前の内容と同一です。
ⅳ　任意後見監督人
【氏名】任意後見監督人の氏名です。法人の場合、【名称又は商号】となります。任意後見監督人は、家庭裁判所が選任します。
【住所】任意後見監督人の住所地です。法人の場合、【主たる事務所又は本店】となります。
【選任の裁判確定日】任意後見監督人選任の審判が確定した日付です。
【登記年月日】任意後見監督人選任の審判が確定し、その登記がされた日付です。

【資料10】 発効後の任意後見の登記事項証明書

登 記 事 項 証 明 書

任意後見

任意後見契約
　【公証人の所属】東京法務局
　【公証人氏名】○○○○
　【証書番号】平成○○年第○○○号
　【作成年月日】平成○○年○月○日
　【登記年月日】平成○○年○月○日
　【登記番号】第○○○○－○○○○○号

任意後見契約の本人
　【氏　　　名】法務一郎
　【生年月日】昭和○○年○月○日
　【住　　　所】東京都○○区○○１丁目１番１号
　【本　　　籍】東京都○○区○○１丁目１番地

任意後見人
　【氏　　　名】法務二郎
　【住　　　所】東京都○○区○○２丁目２番２号
　【代理権の範囲】別紙目録記載のとおり

任意後見監督人
　【氏　　　名】法務三郎
　【住　　　所】東京都○○区○○３丁目３番３号
　【選任の裁判確定日】平成○○年○月○日
　【登記年月日】平成○○年○月○日

上記のとおり後見登記等ファイルに記録されていることを証明する。

　　　平成○○年○月○日
　　　　東京法務局　登記官　　日　本　二　郎

公印

［証明書番号］　○○○○－○○○（○／○）

⑤ 未成年後見

　未成年後見の事項は戸籍に記されます。登記はされませんので登記の徴求は不要です。未成年後見人は二つの経緯で選任されます。一つは「親権者からの指定」で指定未成年後見人と呼ばれます。もう一つは「家庭裁判所による選任」で選定未成年後見人と呼ばれます。経緯の違いは金融機関の実務に影響しません。

ア　指定未成年後見人

　親権者が、遺言により、未成年後見人を指定した場合です。親権者の死亡後、未成年後見人は、未成年被後見人が居住する自治体に「未成年者の後見」を届け出ます。届出は親権者死亡後10日以内とされますが、遅れても罰則等はありません。届出を受けた自治体は必要事項を戸籍に記載し、未成年後見がスタートします。指定未成年後見に家庭裁判所の関与はありません。

イ　選定未成年後見人

　親権者が、遺言により、未成年後見人を指定していなかった場合、未成年被後見人候補者、未成年被後見人の親族、その他利害関係人、児童相談所所長などから申立てを受け、家庭裁判所が未成年後見人を審判（選任）します。不服申立て（抗告）はできないので審判すなわち確定です。裁判所から未成年被後見人の本籍地の自治体へ連絡が行き、自治体は戸籍に必要事項を記載します。

　戸籍に記載される主な項目はいつ、だれが未成年後見人になったかの2点です。指定未成年後見人の場合と選定未成年後見人の場合で、表現が異なるところもありますが内容は近似します（表3）。

表3　戸籍に記載される未成年後見の項目

指定未成年後見人	選定未成年後見人
未成年後見人就職日	未成年後見人選任の裁判確定日
未成年後見人の後見開始事由	未成年後見人の後見開始事由

未成年後見人	未成年後見人
未成年後見人の戸籍	未成年後見人の戸籍
届出日	記録嘱託日

ウ　ある未成年後見の例

　後見の主役である未成年被後見人の立場で、ある事例（資料11-1～2）を紹介します。

　　「お父さんとお母さんは、僕が5歳の時、離婚しました。僕はお母さんに引き取られました」（母親に親権）

　　「僕が7歳の時、お母さんは再婚しました。新しいお父さんは僕を養子にしませんでした」（母親にのみ親権）

　　「僕が10歳の時、お母さんが病気で亡くなりました。亡くなる前、お母さんは、僕の未成年後見人になるよう、おばあちゃんに頼んだそうです」（遺言による指定）

　　「おばあちゃんは、お母さんの遺言をもって、僕の本籍地へ未成年者の後見届をしました」（未成年後見人就任）

　　「今年僕は15歳です。病気がちのおばあちゃんは、もう一人、未成年後見人をつけようと思い家庭裁判所で手続をしました」（未成年後見人の追加申立て）

　　「家庭裁判所が、もう一人の未成年後見人を僕につけてくれました」（選定未成年後見人の就任）

　　「その人は、お母さんが残してくれた保険金を預けている銀行口座の管理、僕が使う携帯電話の保証人、修学旅行の同意などをしてくれています。あと5年面倒をみてくれるようです」（未成年後見は20歳で終了）

【資料11-1】 未成年後見の戸籍

（2の1） 全部事項証明書

本　　　籍	○○県○○市○○町12番地3
氏　　　名	東京　花子
戸籍事項 　戸籍編成	【編成日】平成20年1月8日
戸籍に記載されている者 　　除　　籍	【名】花子 【生年月日】昭和51年7月8日 【父】甲府一郎 【母】甲府市子 【続柄】長女
身分事項 　　出　　生	【出生日】昭和51年7月8日 【出生地】○○県○○市 【届出日】昭和51年7月10日 【届出人】父 【送付を受けた日】昭和51年7月13日 【受理者】○○県○○市長
婚　　姻	【婚姻日】平成10年4月18日 【配偶者の氏名】東京太郎 【配偶者の生年月日】昭和53年8月21日 【従前戸籍】○○県○○市○○町11番地　東京三郎
死　　亡	【死亡日】平成22年10月30日 【死亡時分】午後0時15分 【死亡地】○○県○○市 【届出日】平成22年10月30日 【届出人】親族　東京次郎
戸籍に記録されている者	【名】甲太郎 【生年月日】平成12年10月10日 【父】東京太郎 【母】東京花子【続柄】長男

44

（2の2）	全部事項証明書

身分事項	
出　　生	【出生日】平成12年10月10日 【出生地】○○県○○市
入　　籍	【届出日】平成17年10月17日 【入籍事由】母と同籍する入籍 【届出人】親権者母 【従前戸籍】○○県○○市○○町11番地　東京三郎
未成年者の後見	【未成年後見人就職日】平成22年12月1日 【未成年者の後見開始事由】親権を行う者がないため 【未成年後見人】甲府市子 【未成年後見人の戸籍】○○県○○市11番　甲府市子 【届出日】平成22年4月30日
未成年者の後見	【未成年後見人選任の裁判確定日】平成27年12月10日 【未成年後見開始事由】親権を行う者がないため 【未成年後見人】沖縄海 【未成年後見人の戸籍】○○県○○町43番地1　沖縄砂 【記録嘱託日】平成27年5月2日 　　　　　　　　　　　　　　　　　　　　　　　以下余白

【資料11-2】 未成年後見人選任の審判書

平成○○年（家）第○○○○号　未成年後見人選任事件

審　　　判

本　　籍　　○○県○○市○○町43番地1
住　　所　　○○県○○市○○町52番6
　　　　　未成年被後見人　　東京　甲太郎
　　　　　　　　　　　　　平成12年10月10日生

本件について、当裁判所は、職権により、次のとおり審判する。

主　　　文

1　未成年被後見人の未成年後見人として次の者を選任する。
　　本　　籍　　○○県○○市○○町87番地
　　住　　所　　○○県○○市○○区2丁目1番地3
　　氏　　名　　沖縄　海
2　手続費用は未成年被後見人の負担とする。

　　　平成○○年○月○○日
　　　　○○家庭裁判所
　　　　　　家事審判官　　日　本　太　郎

　　　以上は謄本である。
　　　　平成○○年○月○日
　　　　○○家庭裁判所
　　　　　　裁判所書記官　　○○　○○

公印

5　複数後見への対応

　後見人が複数いる場合、実務上、「分掌型」「共同型」「独立型」の3パターンに分けられます。これに呼応して金融機関の対応も3パターンとなります。

①　分　掌　型

　それぞれの後見人の権限が異なる場合です。

ア　後見類型の場合

　登記事項証明書（資料12-1）に【事務の共同・分掌の定めの裁判確定日】と【事務の共同・分掌の定め】が記されます。個別の内容は「権限行使分掌の定め」として別紙目録に記されます。資料12-2においては、以下のように記されています。

○権限行使分掌の定め
1　成年後見人東京花子は、本人の財産管理に関する事務を分掌する。
2　成年後見人特定非営利活動法人日本後見は、本人の身上監護に関する事務を分掌する。

　このケースにおいて、金融機関は、財産管理権をもつ東京花子さんに応じてもよいですが、身上監護権のみをもつ特定非営利活動法人日本後見に応じてはいけません。

【資料12-1】 複数後見・分掌型の登記事項証明書

登 記 事 項 証 明 書

後 見

後見開始の裁判
　【裁　判　所】東京家庭裁判所
　【事件の表示】平成28年（家）第12345号
　【裁判の確定日】平成28年10月1日
　【登記年月日】平成28年10月3日
　【登記番号】第2016－4321号

成年被後見人
　【氏　　名】東京太郎
　【生年月日】昭和3年4月5日
　【住　　所】東京都〇〇区〇〇1丁目2番3号
　【本　　籍】東京都〇〇区〇〇4丁目5番地

成年後見人
　【氏　　名】東京花子
　【住　　所】東京都〇〇区〇〇6丁目7番8号
　【選任の裁判確定日】平成28年10月1日
　【登記年月日】平成28年10月3日
　【事務の共同・分掌の定めの裁判確定日】平成28年10月1日
　【事務の共同・分掌の定め】別紙目録記載のとおり
　【登記年月日】平成28年10月3日

成年後見人
　【名称又は商号】特定非営利活動法人日本後見
　【主たる事務所又は本店】東京都〇〇区〇〇7丁目8番9号
　【選任の裁判確定日】平成28年10月1日
　【登記年月日】平成28年10月3日
　【事務の共同・分掌の定めの裁判確定日】平成28年10月1日
　【事務の共同・分掌の定め】別紙目録記載のとおり
　【登記年月日】平成28年10月3日

　　　　　　　　　　　　［証明書番号］〇〇〇〇－〇〇〇（〇／〇）

【資料12−2】 複数後見・分掌型の権限行使分掌の定め

登 記 事 項 証 明 書 （別 紙 目 録）

後 見

権限行使の定め目録

　　別紙

　　　　　　　　権限行使分掌の定め

1　成年後見人東京花子は、本人の財産管理に関する事務を分掌する。
2　成年後見人特定非営利活動法人日本後見は、本人の身上監護に関する
　事務を分掌する。

　　　　　　　　　　　　　　　　　　　　　　　以　　上

登記年月日　平成○○年○月○日
　　　　　　　　　　　［証明書番号］　○○○○−○○○（○／○）

イ　補助類型の場合

　本ケースの登記事項証明書（資料13－1）より、被補助人は東京花子さんで、補助人は法務一郎さんと甲村花子さんの2名で、法務一郎さんには代理権と同意権が、甲村花子さんには代理権のみ付されていることがわかります。よって、代理行為目録は2枚あります。

　代理行為目録1枚目（資料13－2）の左上に「代理行為目録（補助人・法務一郎）」とあります。よって、記されている10の行為について、法務一郎さんが代理できることになります。代理行為目録2枚目（資料13－3）の左上に「代理行為目録（補助人・甲村花子）」とあります。よって、記されている六つの行為について、甲村花子さんが代理できることになります。

　それぞれの代理行為目録内容を比べると、法務一郎さんは財産関係の行為について、甲村花子さんは医療・介護関係の行為について代理する設定であることがわかります。よって、金融機関は、法務一郎さんに応じることはあっても、甲村花子さんに応じることはできません。

　ここで、東京花子さんの医療や介護費用を、東京花子さんの口座から引き出して払う場合はどうでしょう。代理行為目録に従えば、病院や介護施設との取引を担う甲村花子さんが病院や施設に払う金額を法務一郎さんに伝え、法務一郎さんは銀行からお金を引き出し、甲村花子さんに渡し、甲村花子さんは病院や介護施設に支払うことになります（両名とも東京花子さんの補助人ですが、代理行為の違いから、それぞれが取引できる相手が異なるのです）。ここで、法務一郎さんの都合がつかない場合など、甲村花子さんが、東京花子さんの口座からお金を下ろしに来るかもしれません。厳密には、甲村花子さんは履行補助者か復代理人となります。これに応じるかどうかは金融機関の判断ですが、法務一郎さんの了解をとることは既述のとおり必要です。

【資料13-1】 複数補助・分掌型の登記事項証明書

登 記 事 項 証 明 書

［補 助］

補助開始の裁判
　【裁　判　所】○○家庭裁判所
　【事件の表示】平成○○年（家）第○○○号
　【裁判の確定日】平成27年3月2日
　【登記年月日】平成27年3月5日
　【登記番号】第2015－○○○○号
被補助人
　【氏　　　名】東京花子
　【生年月日】昭和22年5月16日
　【住　　　所】東京都○○区○○1丁目1番1号　高齢者住宅○○
　【本　　　籍】東京都○○区○○1丁目2番地
　　【従前の記録】
　　　【住所変更日】平成27年2月20日
　　　【登記年月日】平成27年3月18日
　　　【変更前住所】東京都○○区○○5丁目2番7号
補助人
　【氏　　　名】法務一郎
　【住　　　所】東京都○○区○○2丁目3番4号
　【選任の裁判確定日】平成27年3月2日
　【登記年月日】平成27年3月5日
　【代理権付与の裁判確定日】平成27年3月2日
　【代理権の範囲】別紙目録記載のとおり
　【登記年月日】平成27年3月5日
　【同意を要する行為の定めの裁判確定日】平成27年3月5日
　【登記年月日】平成27年3月5日
補助人
　【氏　　　名】甲村花子
　【住　　　所】東京都○○区○○4丁目3番2号
　【選任の裁判確定日】平成27年3月2日
　【登記年月日】平成27年3月5日
　【代理権付与の裁判確定日】平成27年3月2日
　【代理権の範囲】別紙目録記載のとおり
　【登記年月日】平成27年3月5日

　　　　　　　　　　　　［証明書番号］　○○○○－○○○（○／○）

【資料13-2】 複数補助・分掌型の代理行為目録（財産管理）

登 記 事 項 証 明 書 （別 紙 目 録）

補　助

代理行為目録（補助人・法務一郎）

別紙

代 理 行 為 目 録

1　本人所有の不動産の売却・購入
2　賃貸借契約の締結・変更及び解除
3　預貯金の管理（口座の開設・変更・解約・振込依頼・払戻し）
4　定期的な収入の受領（賃料・年金等）及びこれに関する諸手続
5　定期的な支出を要する費用（賃料・公共料金・ローン返済金等）の支払及びこれに関する諸手続
6　保険契約の締結・変更・解除・保険金の請求及び受領
7　本人の負担している負債の弁済及びその処理
8　住民票、戸籍謄抄本、登記事項証明書等の行政機関の発行する証明書の申請
9　以上の各事項の処理に必要な費用の支払
10　以上の各事項に関連する一切の事項

以　上

登記年月日　平成〇〇年〇月〇日

［証明書番号］　〇〇〇〇－〇〇〇（〇／〇）

【資料13−3】 複数補助・分掌型の代理行為目録（身上監護）

登 記 事 項 証 明 書 （別 紙 目 録）

補 助

代理行為目録（補助人・甲村花子）

別紙

代 理 行 為 目 録

1 介護契約（介護保険制度における介護サービスの利用契約、ヘルパー、家事援助者等の派遣契約等を含む。）の締結・変更・解除及び費用の支払
2 福祉関係施設への入所に関する契約（有料老人ホームへの入所契約等を含む。）の締結・変更・解除及び費用の支払
3 医療契約及び病院への入退院に関する契約の締結・変更・解除及び費用の支払
4 住民票、戸籍謄抄本、登記事項証明書等の行政機関の発効する証明書の申請
5 以上の各事項の処理に必要な費用の支払
6 以上の各事項に関連する一切の事項

以 上

登記年月日　平成○○年○月○日

［証明書番号］　○○○○−○○○（○／○）

本件に関する同意行為目録（資料13−4）をみると、
1　借財または保証をすること
2　不動産その他重要な財産に関する権利の得喪を目的とする行為をすること
の2点が書かれています。これらについては同意権を有する法務一郎さんのみ行使できます。
　ここで、法務一郎さんに関する同意行為目録の「1　借財または保証をすること」と、同じく法務一郎さんに関する代理行為目録の「2　賃貸借契約の締結・変更及び解除」「5　定期的な支出を要する費用（賃料・公共料金・ローン返済金等）の支払及びこれに関する諸手続」「7　本人の負担している負債の弁済及びその処理」に内容の重複があります。
　同様に、法務一郎さんに関する同意行為目録の「2　不動産その他重要な財産に関する権利の得喪を目的とする行為をすること」と同じく法務一郎さんに関する代理行為目録の「1　本人所有の不動産の売却・購入」「2　賃貸借契約の締結・変更及び解除」「3　預貯金の管理（口座の開設・変更・解約・振込依頼・払戻し）」「4　定期的な収入の受領（賃料・年金等）及びこれに関する諸手続」「5　定期的な支出を要する費用（賃料・公共料金・ローン返済金等）の支払及びこれに関する諸手続」「6　保険契約の締結・変更・解除・保険金の請求及び受領」「7　本人の負担している負債の弁済及びその処理」に内容の重複があります。
　これらの行為を法務一郎さんが行うにあたり、金融機関はそれが「代理行為」なのか「同意行為」なのか確認して対応することが必要です。「代理行為」は第2章で、「同意行為」は第3章で詳述します。

【資料13-4】 複数補助・分掌型の登記事項証明書の別紙目録

登 記 事 項 証 明 書 （別 紙 目 録）

補　助

同意行為目録
　　別紙

同 意 行 為 目 録

1　借財または保証をすること
2　不動産その他重要な財産に関する権利の得喪を目的とする行為をすること

以　上

登記年月日　平成○○年○月○日
　　　　　　　　　　　［証明書番号］　○○○○－○○○（○／○）

② 共同型

　複数の後見人の合意が、権限行使に必要な場合です。

　未成年後見の場合、分掌の定めがない限り、共同後見の原則が適用されます。

　後見、保佐、補助の場合、登記事項証明書（資料14-1）に【事務の共同・分掌の定めの裁判確定日】と【事務の共同・分掌の定め】が記されます。個別の内容は「権限行使の定め」として別紙目録に記されます。資料14-2の事例では、「権限行使の定め目録　成年後見人東京花子及び成年後見人特定非営利活動法人日本後見は、共同してその権限を行使しなければならない」と記載されています。

　よって、金融機関は、東京花子さんと特定非営利活動法人日本後見の両方の合意がなければ、東京太郎さんの財産に関する取引に対応してはいけません。

　共同型は分掌型に比べて一般的にシンプルです。ただ、特に任意後見人において、「代理権の共同行使の特約目録」として「本件任意後見事務を遂行するにつき、乙（任意後見人）の意思決定は必ず3名協議の上、多数決で行うものとするが、対外的な行為はAが乙を代表するものとする」というような記載があればシンプルとはいえません。取引ごとにA・B・Cのうち2名以上の合意を確認しつつ、金融機関はAにのみ対応することになるからです。

【資料14－1】　複数後見・共同型の登記事項証明書

登 記 事 項 証 明 書

後 見

後見開始の裁判
　【裁　判　所】東京家庭裁判所
　【事件の表示】平成28年（家）第12345号
　【裁判の確定日】平成28年10月1日
　【登記年月日】平成28年10月3日
　【登記番号】第2016－4321号

成年被後見人
　【氏　　名】東京太郎
　【生年月日】昭和3年4月5日
　【住　　所】東京都○○区○○1丁目2番3号
　【本　　籍】東京都○○区○○4丁目5番地

成年後見人
　【氏　　名】東京花子
　【住　　所】東京都○○区○○6丁目7番8号
　【選任の裁判確定日】平成28年10月1日
　【登記年月日】平成28年10月3日
　【事務の共同・分掌の定めの裁判確定日】平成28年10月1日
　【事務の共同・分掌の定め】別紙目録記載のとおり
　【登記年月日】平成28年10月3日

成年後見人
　【名称又は商号】特定非営利活動法人日本後見
　【主たる事務所又は本店】東京都○○区○○7丁目8番9号
　【選任の裁判確定日】平成28年10月1日
　【登記年月日】平成28年10月3日
　【事務の共同・分掌の定めの裁判確定日】平成28年10月1日
　【事務の共同・分掌の定め】別紙目録記載のとおり
　【登記年月日】平成28年10月3日

　　　　　　　　　［証明書番号］　○○○○－○○○（○／○）

【資料14-2】 複数後見・共同型の権限行使の定め

登 記 事 項 証 明 書 （別 紙 目 録）

後　見

権限行使の定め目録
　　別紙

権 限 行 使 の 定 め 目 録

　成年後見人東京花子及び成年後見人特定非営利活動法人日本後見は、共同してその権限を行使しなければならない。
　　　　　　　　　　　　　　　　　　　　　　　　　　　以　上

登記年月日　平成○○年○月○日
　　　　　　　　　　　　　　　［証明書番号］　○○○○－○○○（○／○）

③ 独立型

　複数の後見人が、それぞれ独立して、権限を行使できる場合です。

　法定後見（後見、保佐、補助、未成年後見）の場合、複数の後見人が連名で登記事項証明書に登記されます。すべての後見人はそれぞれ同一の権限をもちます。よって、金融機関は、それぞれからの要請に対応することになります。事務が複雑にならないよう、いずれか1名に金融機関との取引を限定してもらうよう後見人と協議することも考えられます。トライしてみましょう。

　任意後見の場合は要注意です。複数の任意後見人が連名で記載された1本の登記事項証明書ではなく、任意後見人ごとに登記事項証明書が交付されるからです。すると、金融取引の現場では、このようなことが起こりえます。「提示された任意後見の登記事項証明書から、任意後見人はAさんしかいないと思っていたら、同じ人に任意後見人Bや任意後見人Cがいた。銀行は、Aからの払出しに応じ、BならびにCからの払出しにも応じる。保険会社は、Aからの保険金請求に応じ、Bからの新規契約に応じ、Cからの解約に応じる。しかも、任意後見人Dがまだいるかもしれない」

　金融機関がとりうる対応は、「ほかに任意後見人さんはいらっしゃいますか」と当初に尋ねることです。「ほかにいない」ということであれば単独ですから難儀はありません。ほかにいる場合、金融取引に関する権限を保有するすべての任意後見人に登記事項証明書の提出を求めましょう。そのうえで、事務が複雑にならないよう、いずれか1名に金融機関との取引を限定してもらうよう任意後見人と協議することも考えられます。

6 監督人がいる場合の対応

　後見人の業務を監督する人を後見監督人といいます。監督人は家庭裁判所が選任します。監督人の有無は登記事項証明書で確認することができます（資料15）。

　任意後見の場合、監督人は必須です。任意後見契約の委任者の判断能力は、任意後見契約発効の頃にはすでに衰えており、以降、任意後見人の業務を委任者自身が管理監督できないからです。後見、保佐、補助、未成年後見の場合、監督人が就く割合は全体の1割程度です。被後見人等の財産が多額の場合、被後見人等の財産をめぐり親族内でトラブルがある場合などに、家庭裁判所が職権で選任します。なお、後見人と後見監督人が、親戚や利害関係者であることはありません。監督される人と監督する人は互いに第三者であるべきとされるからです。

　後見類型の場合、監督人は、監督人の同意なく後見人が行った取引について、後見人に取り消してくるよう求めることができます。ゆえに、金融機関は、監督人がついている後見人に対しては、いつも必ず、監督人の同意を得るよう求めましょう。金融機関から監督人に、後見人の行為に対する同意を求めることも一策です。監督人の連絡先も押さえておく必要があります。

　登記事項証明書に監督人の氏名と住所は記されますが、監督人の権限内容は登記されないことがほとんどです。よって、監督人の役割を認識しておくことは業務上必須です。監督人は、金融機関に対し、被後見人の残高を照会することがあります。被後見人等の財産調査をするためです。監督人は、後見人と被後見人の間に利益相反があれば、その行為について後見人にかわって被後見人の代理もします。このことから監督人がいれば特別代理人を要さないことがわかります。利益相反がなくても、後見人が留守にしている場合等緊急対応の必要があれば、監督人は被後見人の財産を処分します。後見人が被後見人の財産を調査したり財産目録を調製するときは、監督人の同席・

【資料15】　後見人に監督人がついている登記事項証明書

登 記 事 項 証 明 書

　　　　　　　　　　　　　　　　　　　　　　　　　　［後　見］

後見開始の裁判
　【裁　判　所】東京家庭裁判所
　【事件の表示】平成28年（家）第12345号
　【裁判の確定日】平成28年10月1日
　【登記年月日】平成28年10月3日
　【登記番号】第2016－4321号

成年被後見人
　【氏　　　名】東京太郎
　【生年月日】昭和3年4月5日
　【住　　　所】東京都○○区○○1丁目2番3号
　【本　　　籍】東京都○○区○○4丁目5番地

成年後見人
　【氏　　　名】東京花子
　【住　　　所】東京都○○区○○6丁目7番8号
　【選任の裁判確定日】平成28年10月1日
　【登記年月日】平成28年10月3日

成年後見監督人
　【氏　　　名】東京二郎
　【住　　　所】東京都○○区○○8丁目9番10号
　【選任の裁判確定日】平成28年10月1日
　【登記年月日】平成28年10月3日

上記のとおり後見登記等ファイルに記録されていることを証明する。

　　　平成○○年○月○日
　　　　東京法務局　登記官　　　日　本　二　郎　　　　［公印］

　　　　　　　　　　　　　　　　［証明書番号］　○○○○－○○○（○／○）

確認がないとその財産目録の有効性を家庭裁判所は認めません。以上が監督人の主な業務です。

監督人はその必要性がなくなれば辞任できます。監督人の業務に不行跡などがあれば、家庭裁判所は職権もしくは被後見人やその家族からの申立てにより監督人を解任します。

未成年後見の場合、親権者等が遺言で指定する「指定未成年後見監督人」という仕組みがあります。指定未成年後見人と指定未成年後見人が親族でない、両者に紛争がないなどの要件を満たせば、指定された人が未成年後見監督人になります。同様に、任意後見監督人候補者を任意後見契約書に盛り込むことも可能です。委任者の意思を反映する任意契約にするために、きわめて有効な方法と評されます。

資料16は、任意後見監督人の同意がなければ任意後見人（乙）は個別事案の代理仕事ができないように設計されている事例です。具体的には、任意後見監督人がその同意の意思を取引の相手方に書面で表することではじめて任意後見人が代理権を行使できることを、任意後見契約締結の段階で盛り込んでいます。このような工夫や定めを盛り込んでいない任意後見契約は少なからずありますが、委任者の意思を反映する任意契約にするために、きわめて有効な方法と評されます。発効後の事案について金融機関は、任意後見の登記事項証明書に任意後見監督人の同意を要する行為の記載があるか、その行

▶ **こんなときどうする？**

後見人が後見監督人の同意を得てこない場合

後見人に、後見監督人がいれば、元本の領収を除くすべての取引について、後見監督人の同意を得るようにしましょう。監督人が同意してくれなかったということで、後見人が、自らがすでにした行為を、金融機関に取消しにくることができるからです。後見人が後見監督人の同意を得てこない場合、後見人との取引を留保しましょう。金融機関が監督人に催告してもよいでしょう。

【資料16】 代理権の共同行使の特約目録

```
登 記 事 項 証 明 書 （別 紙 目 録）

                                        任意後見

  別紙
          同 意 を 要 す る 特 約 目 録

  乙が以下の行為を行うには、個別に任意後見監督人の書面による同意を
要する。

  1  居住用不動産の購入および処分
  2  不動産その他重要な財産の処分
  3  復代理人の選任




登記年月日  平成〇〇年〇月〇日
                    ［証明書番号］  〇〇〇〇－〇〇〇（〇／〇）
```

為のなかに金融取引が入っているかを確認してから、任意後見人との取引への対応を決定、実行することになります。

　任意後見契約が発効する前なら、公証役場にて、数千円から数万円の費用で内容を変更することができます。よって、「任意後見監督人候補者の記載」「任意後見監督人の同意を要する行為目録の記載」をいまから盛り込むことを勧めてみてください。受任者からはわかりませんが、委任者からはありがたがられることが少なくないでしょう。

7 後見人変更への対応

　後見人等が変更されることがあります。変更の理由は、後見人等の「辞任」「解任」「死亡」のいずれかです。後見人の辞任・解任の履歴は、登記事項証明書に「成年後見人であった者」と記載されます（資料17）。当然ながら金融機関は「後見人であった者」の要請に応じてはいけません。

　司法統計上およそ7％の後見人が辞任しています。後見人が辞任する原因は、後見人の体調不良、後見人もしくは被後見人の遠方への引っ越し、後見人と被後見人との不和ないし係争開始、その他です。統計上およそ1％の後見人が家庭裁判所から解任されています。後見人が解任される原因は、被後見人の財産を使い込んだ、被後見人に必要な医療を受けさせなかった、その他です。

　理由や原因にかかわらず、後見人不在の状態は被後見人によくありません。よって家庭裁判所は、後見人の辞任即次の後見人選任、後見人の解任即次の後見人選任を心がけます。この手続を円滑に行うため、辞めゆく後見人に次の候補者を提示するよう求める家庭裁判所は少なくありません。

　被後見人やその家族等から後見人の解任請求があった場合、解任されるほどに不適切な後見人であるかどうか慎重に調べなければなりません。同時に、後見人不在による被後見人の不利益がないようにもしなければいけません。よって家庭裁判所は、後見人に対し職務停止命令を発動しつつ、「職務代行者」を選任し当面の後見業務を任せます。この職務代行者は登記されますが、後見人が業務停止中であることは登記されません。よって、金融機関は、登記事項証明書に記載された「職務代行者」という表記から後見人の「職務停止中」を読み取り、適切に対応することになります。調査の結果、後見人が解任もしくは辞任し、次の後見人が選任されれば職務代行者は終了します。その段においては職務代行者に応じてはいけません。

　辞任や解任理由になりうる後見人による使込みの多くは、被後見人の預貯

【資料17】　後見人が変更した登記事項証明書

登 記 事 項 証 明 書

後 見

後見開始の裁判
　【裁　判　所】東京家庭裁判所
　【事件の表示】平成28年（家）第12345号
　【裁判の確定日】平成28年10月1日
　【登記年月日】平成28年10月3日
　【登記番号】第2016－4321号

成年被後見人
　【氏　　　名】東京太郎
　【生年月日】昭和3年4月5日
　【住　　　所】東京都○○区○○1丁目2番3号
　【本　　　籍】東京都○○区○○4丁目5番地

成年後見人
　【氏　　　名】東京三郎
　【住　　　所】東京都○○区○○9丁目10番11号
　【選任の裁判確定日】平成30年10月1日
　【登記年月日】平成30年10月3日

成年後見人であった者
　【氏　　　名】東京花子
　【住　　　所】東京都○○区○○6丁目7番9号
　【選任の裁判確定日】平成28年10月1日
　【登記年月日】平成28年10月3日

上記のとおり後見登記等ファイルに記録されていることを証明する。

　　　平成○○年○月○日
　　　　　東京法務局　登記官　　日　本　二　郎

公印

［証明書番号］　○○○○－○○○（○／○）

金口座からの引出しによるものです。特にキャッシュカードを利用するケースが多いようです。よって金融機関は、後見人によるキャッシュカードの利用制限（金額制限、取扱支店の限定、ほか）、払戻請求に対する使途説明の求め、預金者や監督人への連絡・確認、預金者が指定する後見人以外のキーパーソンへの連絡・確認、預貯金の定期化ないし証券化の勧誘などの工夫をしましょう。士業後見のなかには、家庭裁判所に提出する被後見人の通帳の中身を改ざんしたケースもありました。後見人が家族であるとか士業であるとかにかかわらず預金保護の観点からさまざまな工夫を凝らしてみましょう。

8 後見の終了に伴う事務

　後見が終了するのは、被後見人が死亡したとき、被後見人の精神状態が十分に回復したとき、類型が変更されたとき、のいずれかです。

① 被後見人が死亡したとき（資料18）

　後見人は、被後見人が生きている間の代理人、同意人、取消人ですから、被後見人の死亡をもってその任を終了します。これに伴い、後見人は被後見人の財産（遺産）を本人死亡後2ヶ月以内に決算（管理計算）し、相続人に引き渡します。遺産を引き渡す相続人がいない場合、後見人は、相続財産管理人の選任を家庭裁判所に申し立て、選任された相続財産管理人に遺産を引き渡します。いずれにせよ、この管理計算や遺産の引渡しに際し金融機関はおよそ関与することになるでしょう。事務そのものはむずかしくないと思いますが、後見人に監督人がいる場合は監督人の同意を要する事務となるので、その旨、後見人に求めてください。

　一般的に、遺産の引渡しの前に葬儀があります。この際、喪主がその費用を出せばよいのですが、被後見人の財産からその費用を出すとなると、金融機関として少し困るかもしれません。パターンとしては、相続人（喪主）がいない場合で後見人が引き出そうとする場合（応急処分義務の観点を含む）、後見人としてではなく相続人から引出しを頼まれたということで後見人が引き出そうとする場合、複数の相続人のうち一人が引き出そうとする場合、などがあげられます。いずれにしても応じるか否かは金融機関の判断となります。

② 被後見人の精神状態が十分に回復したとき

　後見人が不要になるほどに、被後見人の精神状態が十分に回復した場合、申立権者は家庭裁判所に、精神状態及び能力が十分に回復し後見人を要さな

第1章　後見の登場人物　67

【資料18】 本人死亡による閉鎖登記

閉 鎖 登 記 事 項 証 明 書

後 見

後見開始の裁判
　【裁　判　所】東京家庭裁判所
　【事件の表示】平成28年（家）第12345号
　【裁判の確定日】平成28年10月1日
　【登記年月日】平成28年10月3日
　【登記番号】第2016－4321号

成年被後見人
　【氏　　　名】東京太郎
　【生年月日】昭和3年4月5日
　【住　　　所】東京都○○区○○1丁目2番3号
　【本　　　籍】東京都○○区○○4丁目5番地

成年後見人
　【氏　　　名】東京花子
　【住　　　所】東京都○○区○○6丁目7番9号
　【選任の裁判確定日】平成28年10月1日
　【登記年月日】平成28年10月3日

【成年被後見人の死亡による終了日】平成31年3月23日
【登記年月日】平成31年3月31日

上記のとおり閉鎖登記ファイルに記録されていることを証明する。

　　平成○○年○月○日
　　　東京法務局　登記官　　日　本　二　郎

公印

［証明書番号］　○○○○－○○○（○／○）

い趣旨と理由（例：医師による鑑定書ほか）を申し立て、家庭裁判所が認めれば後見開始の審判が取り消されます。この申立てができるのは被後見人、被後見人の配偶者、被後見人の４親等内の親族、後見人、後見監督人、検察官です。後見開始の取消しの審判が出れば、後見人は元後見人となり、元被後見人の財産を元被後見人自身へ渡します。これに伴い金融機関は、それまで〇〇後見人□□としていた口座の名義変更ほか、契約書類等の変更事務が発生します。

③ 類型が変更されたとき（資料19）

本人の状態が悪化したり改善した場合、また、後見人が有する権利関係に相当の変更が必要な場合、②と同じ要領で、申立権者が家庭裁判所に申立てをします。一般的に類型変更といわれますが、実務的には変更や書換えではなく、家庭裁判所に対し、従前の類型開始の審判を取り消し、新しい類型開始の審判を下すよう求めるかたちとなります。家庭裁判所がその申立てを認めれば、従前の登記は閉鎖され、新しい類型の登記が開始します。その変更に伴い後見人等の変更や権限内容・条件等の変更もありえます。人がかわれば、それまでの後見人は新しい（例えば）保佐人に本人の財産を引き継ぎます。これに伴い、金融機関においては、契約書類等の名義変更事務が発生します。実質的に一から始めるつもりで事務に臨みましょう。

いずれにせよ後見の終了は登記事項証明書に表されます。金融機関は終了事務のため「閉鎖登記事項証明書」を後見人だった者、その他に徴求します。

【資料19】　任意後見から後見等へ変更した閉鎖登記事項証明書

閉 鎖 登 記 事 項 証 明 書

任意後見

任意後見契約
　【公証人の所属】千葉地方法務局
　【公証人の氏名】法務一郎
　【証書番号】平成21年第〇〇〇号
　【作成年月日】平成21年5月25日
　【登記年月日】平成21年5月29日
　【登記番号】第2009-〇〇〇〇号
任意後見契約の本人
　【氏　　名】東京花子
　【生年月日】昭和10年〇月〇日
　【住　　所】東京都〇〇区〇〇1丁目2番3号　有料老人ホーム〇〇
　【本　　籍】東京都〇〇区〇〇4丁目5番地
　　【従前の記録】
　　　【住所変更日】平成21年6月30日
　　　【登記年月日】平成21年7月20日
　　　【変更前住所】東京都〇〇区〇〇4丁目5番18号
任意後見人
　【氏　　名】甲村一子
　【住　　所】東京都〇〇区〇〇6丁目7番9号
　【代理権の範囲】別紙目録記載のとおり

任意後見監督人
　【氏　　名】乙川武雄
　【住　　所】東京都〇〇区〇〇1丁目10番22号
　【選任の判決確定日】平成22年8月1日
　【登記年月日】平成22年8月8日

　【後見等の開始の裁判確定による終了日】平成24年2月10日
　【登記年月日】平成24年2月11日（閉鎖）

上記のとおり閉鎖登記ファイルに記録されていることを証明する。

　　平成27年4月10日
　　　東京法務局　登記官　　日　本　　二　郎

公印

[証明書番号]　〇〇〇〇-〇〇〇（〇/〇）

第 2 章 後見人による代理取引への対応

後見人による代理取引への対応を理解します。

1　代理権の範囲

①　後見類型と未成年後見

　後見類型と未成年後見の場合、「代理行為目録」は付されません。成年後見人は成年被後見人の、未成年後見人は未成年被後見人の「すべての法律行為を代理できる」とされているからです。ここで、すべての法律行為といっても、結婚・離婚をするかしないか、認知・養子縁組をするかしないか、医療を受けるか受けないか、どこに住むか、遺言の作成、などを代理することは除かれます。これらの行為は、その人しか決められない一身専属の行為であり、何人も代理できないとされているからです。

②　保佐類型と補助類型

　保佐類型や補助類型の場合、ほとんどの事案について「代理行為目録」が付されます。当然ながら、代理行為目録に記載された内容についてのみ、保佐人は被保佐人に、補助人は被補助人に代理することができます。代理行為目録に記載されていないことは、保佐人ないし補助人といえども代理することはできません。この差異が、代理取引対応上のポイントとなります。代理行為目録を正確に読めず、応じるべき人に応じなかった、応じてはいけない人に応じた、などは金融機関の瑕疵となりうるからです。

　保佐類型と補助類型の場合、代理行為の全体は大きく5分野で構成されます（表4）。それぞれ、「1　財産管理関係」「2　相続関係」「3　身上監護関係」「4　登記・税金・訴訟」「5　その他」です。そのうちの財産管理関係には「(1)　不動産関係」「(2)　預貯金等金融関係」「(3)　保険に関する事項」「(4)　その他」が含まれ計10項目あります。相続関係は4項目、身上監護関係は4項目、登記・税金・訴訟は4項目、その他は2項目につき、代理行為目録は合計24項目で構成されます。資料20を参考に代理行為目録に記載

されうる内容や表記を押さえましょう。

表4　保佐・補助類型の代理行為目録を構成する分野と項目数

分　野			項目数
1	財産管理関係	(1)　不動産関係	3
		(2)　預貯金等金融関係	2
		(3)　保険に関する事項	2
		(4)　その他	3
2	相続関係		4
3	身上監護関係		4
4	登記・税金・訴訟		4
5	その他		2
合　計			24

【資料20】 保佐・補助類型の代理行為目録に記載されうる内容と表記

東京家庭裁判所　保佐・補助開始申立用　代理行為目録

1　財産管理関係

　(1)　不動産関係
　　　①　本人の不動産に関する取引（□売却、□担保権設定、□賃貸、□＿＿＿＿＿＿）
　　　②　他人の不動産に関する（□購入、□借地、□借家）契約の締結・変更・解除
　　　③　住居等の新築・増改築・修繕に関する請負契約の締結・変更・解除

　(2)　預貯金等金融関係
　　　①　預貯金に関する金融機関等との一切の取引（解約・新規口座の開設を含む。）
　　　②　その他の本人と金融機関との取引（□貸金庫取引、□保護預かり取引、□証券取引、□為替取引、□信託取引、□＿＿＿＿＿＿）

　(3)　保険に関する事項
　　　①　保険契約の締結・変更・解除
　　　②　保険金の請求及び受領

　(4)　その他
　　　①　定期的な収入の受領及びこれに関する諸手続
　　　　　（□家賃・地代、□年金・障害手当金その他の社会保障給付、□その他）
　　　②　定期的な支出を要する費用の支払及びこれに関する諸手続
　　　　　（□家賃・地代、□公共料金、□保険料、□ローンの返済金、□その他）
　　　③　本人の負担している債務の弁済及びその処理

2　相続関係
　　　①　相続の承認・放棄
　　　②　贈与、遺贈の受諾
　　　③　遺産分割又は単独相続に関する諸手続
　　　④　遺留分減殺の請求

3　身上監護関係

① 介護契約その他の福祉サービス契約の締結・変更・解除及び費用の支払
　　② 要介護認定の申請及び認定に関する不服申立て
　　③ 福祉関係施設への入所に関する契約（有料老人ホームの入居契約等を含む。）の締結・変更・解除及び費用の支払
　　④ 医療契約及び病院への入院に関する契約の締結・変更・解除及び費用の支払

4　登記・税金・訴訟
　　① 税金の申告・納付
　　② 登記・登録の申請
　　③ 本人に帰属する財産に関して生ずる紛争についての訴訟行為（民事訴訟法55条2項の特別授権事項を含む。）（＊保佐人又は補助人が当該訴訟行為について訴訟代理人となる資格を有する者であるとき。）
　　④ 訴訟行為（民事訴訟法55条2項の特別授権事項を含む。）について、当該行為につき訴訟代理人となる資格を有する者に対し授権をすること

5　その他
　　① 以上の各事務の処理に必要な費用の支払
　　② 以上の各事務に関連する一切の事項

③　任意後見

　任意後見に付される代理権目録の内容は、「任意後見契約に関する法律」に定められた第一号様式（チェック方式）もしくは第二号様式（自由記載式）に近似します。
　「第一号様式」はA～Nまでの14分野で構成され、項目数は計46項目です（表5）。内容は、保佐・補助類型の場合と同様ですが、任意後見の第一号様式のほうがより詳細に記載されています（資料21）。任意後見の代理権目録に記載されうる内容や表記として押さえましょう。

表5　任意後見の代理権目録（第一号様式）を構成する分野と項目数

	分　野	項目数
A	財産の管理・保存・処分等に関する事項	2
B	金融機関との取引に関する事項	6
C	定期的な収入の受領及び費用の支払に関する事項	2
D	生活に必要な送金及び物品の購入等に関する事項	3
E	相続に関する事項	4
F	保険に関する事項	2
G	証書等の保管及び各種の手続きに関する事項	6
H	介護契約その他の福祉サービス利用契約等に関する事項	5
I	住居に関する事項	5
J	医療に関する事項	2
K	A～J以外のその他の事項	－
L	紛争の処理に関する事項	5
M	復代理人・事務代行者に関する事項	2
N	以上の各事務に関連する事項	2
	合　計	46

【資料21】 任意後見の代理権目録に記載されうる表記

代理権目録（附録第一号様式・チェック方式）

A　財産の管理・保存・処分等に関する事項
　A1　甲に帰属する別紙財産目録記載の財産及び本契約締結後に甲に帰属する財産（預貯金［B1・B2］を除く。）並びにその果実の管理・保存
　A2　上記の財産（増加財産を含む。）の処分・変更
　　　□売却　□賃貸借契約の締結・変更・解除
　　　□担保権の設定契約の締結・変更・解除
　　　□その他（別紙「財産の管理・保存・処分等目録」記載のとおり）

B　金融機関との取引に関する事項
　B1　甲に帰属する別紙「預貯金目録」記載の預貯金に関する取引（預貯金の管理、振込依頼・払戻し、口座変更・解除等。以下同じ）
　B2　預貯金口座の開設及び当該預貯金に関する取引
　B3　貸金庫取引
　B4　保護預り取引
　B5　金融機関とのその他取引
　　　□当座勘定取引　□融資取引　□保証取引　□担保提供取引
　　　□証券取引（国債、公共債、金融債、社債、投資信託等）　□為替取引
　　　□信託取引（予定（予想）配当率を付した金銭信託（貸付信託）を含む。）　□その他
　B6　金融機関とのすべての取引

C　定期的な収入の受領及び費用の支払に関する事項
　C1　定期的な収入の受領及びこれに関する諸手続
　　　□家賃・地代　□年金・障害年金その他の社会保険給付
　　　□その他（別紙「定期的な収入の受領等目録」記載のとおり）
　C2　定期的な支出を要する費用の支払及びこれに関する諸手続
　　　□家賃・地代　□公共料金　□保険料　□ローンの返済金
　　　□その他（別紙「定期的な支出を要する費用の支払目録」記載のとおり）

D　生活に必要な送金及び物品の購入等に関する事項
　D1　生活費の送金
　D2　日用品の購入その他日常生活に関する取引

    D3　日用品以外の生活に必要な機器・物品の購入

E　相続に関する事項
    E1　遺産分割又は相続の承認・放棄
    E2　贈与もしくは遺贈の拒絶又は負担付の贈与もしくは遺贈の受諾
    E3　寄与分を定める申立て
    E4　遺留分減殺の請求

F　保険に関する事項
    F1　保険契約の締結・変更・解除
    F2　保険金の受領

G　証書等の保管及び各種の手続きに関する事項
    G1　次に掲げるものその他これらに準ずるものの保管及び事項処理に必要な範囲内の使用
        □登記済権利証　□実印・銀行印・印鑑登録カード
        □その他（別紙「証書等の保管等目録」記載のとおり）
    G2　株券等の保護預り取引に関する事項
    G3　登記の申請
    G4　供託の申請
    G5　住民票、戸籍謄抄本、登記事項証明書その他の行政機関の発行する証明書の請求
    G6　税金の申告・納付

H　介護契約その他の福祉サービス利用契約等に関する事項
    H1　介護契約（介護保険契約における介護サービスの利用契約、ヘルパー・家事援助者等の派遣契約を含む。）の締結・変更・解除及び費用の支払
    H2　要介護認定の申請及び認定に関する承認又は異議申立て
    H3　介護契約以外の福祉サービスの利用契約の締結・変更・解除及び費用の支払
    H4　福祉関係施設への入所に関する契約（有料老人ホームの入居契約等を含む。）の締結・変更・解除及び費用の支払
    H5　福祉関係の措置（施設入所措置等を含む。）の申請及び決定に関する異議申立て

I　住居に関する事項

I1　居住用不動産の購入
　　I2　居住用不動産の処分
　　I3　借地契約の締結・変更・解除
　　I4　借家契約の締結・変更・解除
　　I5　住居等の新築・増改築・修繕に関する請負契約の締結・変更・解除

J　医療に関する事項
　　J1　医療契約の締結・変更及び契約及び費用の支払
　　J2　病院への入院に関する契約の締結・変更・解除及び費用の支払

K　A～J以外のその他の事項（別紙「その他の委任事項目録」記載のとおり）

L　以下の各項目に関して生ずる紛争の処理に関する事項
　　L1　裁判外の和解（示談）
　　L2　仲裁契約
　　L3　行政機関等に対する不服申立て及びその手続の追行
　　L4　1　任意後見受任者が弁護士である場合における次の事項
　　　　　　1・1　訴訟行為（訴訟の提起、調停もしくは保全処分の申立て又はこれらの手続きの追行、応訴等）
　　　　　　1・2　民事訴訟法第55条第2項の特別授権事項（反訴の提起、訴えの取下げ・裁判上の和解・訴訟の放棄・認諾、控訴・上告、復代理人の選任等）
　　　　　2　任意後見受任者が弁護士に対して訴訟行為及び民事訴訟法第55条第2項の特別授権事項について授権をすること
　　L5　紛争の処理に関するその他の事項（別紙「紛争の処理等目録」記載のとおり）

M　復代理人・事務代行者に関する事項
　　M1　復代理人の選任
　　M2　事務代行者の指定

N　以上の各事務に関連する事項
　　N1　以上の各事項の処理に必要な費用の支払
　　N2　以上の各事項に関連する一切の事項

2　預貯金取引

　代理行為目録における銀行取引関係の記載はさまざまで、「預貯金の管理」とのみ記載されている場合もあれば、「本人に帰属する預貯金に関する取引（預貯金の管理・振込依頼・払戻し・口座の開設・変更・解約等）」とわかりやすく記載されている場合もあります。また、「預貯金口座の開設、預貯金取引、貸金庫取引」とあるなら「預貯金口座の解約、保護預かり取引、証券取引、為替取引、信託取引」を保佐人や補助人が代理することはできません。銀行は代理行為目録に記載された行為についてのみ対応することになります。実際の代理行為目録をもとに後見による預貯金取引への対応を考えてみましょう。

　本ケース（資料22）の補助人は、
1　預貯金に関する金融機関等との一切の取引(解約・新規口座の開設を含む。)
2　保険金の請求及び受領
3　遺産分割又は単独相続に関する諸手続き
について金融機関等に対し代理行為を行うことができます。

　ここで「1　預貯金に関する金融機関等との一切の取引（解約・新規口座の開設を含む。)」に注目しましょう。まず、「一切」とは何を指すのでしょうか。記載されている解約・新規口座の開設に加え、口座の変更・振込依頼・払戻し・預入れ等が含まれます。このように書いていないことが含まれることもあります。代理行為目録の記載が不明確な場合、顕名義務のある（本ケースでは）補助人に対し「家庭裁判所に確認してから出直すよう」求めてください。

　本ケースには、資料20の「1　財産管理関係」の「(2)　預貯金等金融関係」の「②　その他の本人と金融機関との取引（貸金庫取引、保護預かり取引、証券取引、為替取引、信託取引)」の記載がありません。よって、金融機関は、これらの取引について補助人から要請があっても応じてはいけません。応じてしまった場合、それは無権代理人に応じたことと同義となりま

【資料22】 預貯金、保険、遺産に関する代理行為目録

```
           登 記 事 項 証 明 書 （別 紙 目 録）

                                              補   助

 代理行為目録

     （別紙）
                    代 理 行 為 目 録

     1  預貯金に関する金融機関等との一切の取引（解約・新規口座の開設を
        含む。）
     2  保険金の請求及び受領
     3  遺産分割又は単独相続に関する諸手続き
                                                    以上

 登記年月日  平成○○年○月○日
                   ［証明書番号］  ○○○○－○○○（○／○）
```

す。ただ、金融機関が「登記事項証明書をきちんと読んでいなかった」ということで、無権代理人への責任追及はむずかしくなるでしょう。金融機関として「登記事項証明書を正確に読むこと」、不明な点があれば「家庭裁判所を通すこと」が重要であることがわかります。

▶ こんなときどうする？

被後見人が自らの残高や証券内容を照会してきた場合

　契約者本人からの照会です。被後見人になろうとも、自らの財産を確認することまで制限されていません。当然に回答しましょう。後見人が「本人に回答しないよう」求めてきたらどうしますか。そのような求めは、後見人の権限内の行為でしょうか。被後見人のためになる行為でしょうか。いずれも「ノー」です。後見人は代理人にすぎません。主役は預金者や契約者です。本人主義で業務に臨みましょう。

3　代理権の拡張

　資料22のケースにおいて、代理行為目録に記載のない「貸金庫取引、保護預かり取引、証券取引、為替取引、信託取引」のいずれか、もしくは、すべてについて代理行為の必要が生じた場合、選択肢は三つあります。一つは、被補助人自身がその行為を行うことです。ただし、その行為について被補助人が判断能力を有していることの確認が必要となります。この確認は金融機関が行います。二つ目は、被補助人が補助人もしくは補助人以外の第三者に当該事務を委任することです。金融機関は、被補助人の委任能力ならびに委任内容（状）を確認し、応じるか応じないか判断することになります。

　三つ目は、代理権の範囲の拡張です。「家事審判申立書」（資料23）を家庭裁判所のホームページからダウンロードし、必要事項を記載し家庭裁判所に提出します。この場合の事件名は（補助人の代理権拡張）となります。この申立てができるのは、本件であれば補助人、被補助人、被補助人の配偶者、被補助人の4親等以内の親族、被補助人が居住する自治体の長、その他です。申立費用は800円で、被補助人負担となりますが補助人が立て替えることもできます。

　申立ての趣旨の欄には、「被補助人のために貸金庫取引、保護預かり取引、証券取引、為替取引、信託取引について補助人に代理権を付する審判を求める」などと記載します。申立ての理由には、補助人選任後、このような経緯により、被補助人のために貸金庫取引、保護預かり取引、証券取引、為替取引、信託取引をする必要になった旨を、端的に記載します。

　家庭裁判所で申立てが受理されると、問題がなければ数日から数週間程度で、拡張申請した事柄について代理権を付与する旨の審判が下ります。その審判書が被補助人と補助人に郵便で送られてきます。補助人は、拡張された代理権が記載された登記事項証明書を東京法務局から入手し、金融機関に出直してきます。金融機関は、特段の理由がなければ補助人の要請に応じるこ

【資料23】 家事審判申立書（一般用）

受付印	家事審判申立書　　事件名（　　　　　　　　　）
	（この欄に申立手数料として1件について800円分の収入印紙を貼ってください。）
収入印紙　　　　円 予納郵便切手　　円 予納収入印紙　　円	（貼った印紙に押印しないでください。） （注意）　登記手数料としての収入印紙を納付する場合は、登記手数料としての収入印紙は貼らずにそのまま提出してください。

準口頭	関連事件番号　平成　　年（家　　）第　　　　　　　　　号

	家庭裁判所 　　　御中 平成　　年　　月　　日	申　　立　　人 （又は法定代理人など） の記名押印	印

添付書類	（審理のために必要な場合は、追加書類の提出をお願いすることがあります。）

<table>
<tr><td rowspan="5">申立人</td><td>本　籍
（国　籍）</td><td colspan="2">（戸籍の添付が必要とされていない申立ての場合は、記入する必要はありません。）
　　　都　道
　　　府　県</td></tr>
<tr><td>住　所</td><td>〒　　－</td><td>電話　　（　　　）
　　　　　　　　　（　　　　　　方）</td></tr>
<tr><td>連絡先</td><td>〒　　－</td><td>電話　　（　　　）
　　　　　　　　　（　　　　　　方）</td></tr>
<tr><td>フリガナ
氏　名</td><td colspan="2">　　　　　　　　　　　　　　　大正
　　　　　　　　　　　　　　　昭和　　年　月　日生
　　　　　　　　　　　　　　　平成
　　　　　　　　　　　　　　　（　　　　　　歳）</td></tr>
<tr><td>職　業</td><td colspan="2"></td></tr>
</table>

<table>
<tr><td rowspan="5">※</td><td>本　籍
（国　籍）</td><td colspan="2">（戸籍の添付が必要とされていない申立ての場合は、記入する必要はありません。）
　　　都　道
　　　府　県</td></tr>
<tr><td>住　所</td><td>〒　　－</td><td>電話　　（　　　）
　　　　　　　　　（　　　　　　方）</td></tr>
<tr><td>連絡先</td><td>〒　　－</td><td>電話　　（　　　）
　　　　　　　　　（　　　　　　方）</td></tr>
<tr><td>フリガナ
氏　名</td><td colspan="2">　　　　　　　　　　　　　　　大正
　　　　　　　　　　　　　　　昭和　　年　月　日生
　　　　　　　　　　　　　　　平成
　　　　　　　　　　　　　　　（　　　　　　歳）</td></tr>
<tr><td>職　業</td><td colspan="2"></td></tr>
</table>

（注）　太枠の中だけ記入してください。
※の部分は、申立人、法定代理人、成年被後見人となるべき者、不在者、共同相続人、被相続人等の区別を記入してください。

別表第一(1/2)

申　立　て　の　趣　旨

申　立　て　の　理　由

別表第一（2/2）

とになります。

　資料24は、代理権の追加が記された登記事項証明書です。当初の代理権（資料25）に追加して、代理権付与の裁判が確定したのが平成28年12月1日であることがわかります。また、追加された代理権の内容が「金融機関、証券会社との債券（国債、公債、株式等のすべて）、投資信託、累積投資、金、通貨、外国為替等の金融商品のすべての取引（新規開設、契約変更、解約）及び配当金・分配金の受領」であることが代理行為目録（追加）（資料26）から読み取れます。

▶ こんなときどうする？

家族からの要請に従い被後見人の預金を払い出すこと

　「家族からの要請に従い被後見人の預金を払い出すことは、払い戻し請求権の無い者からの要請に応じたことと同義につき金融機関の過失がある。よって、預金の返還とかかる遅延損害金の支払いを命じる（平成26年9月福岡高裁判決：事件番号平成26（ネ）460号）」という判決があります。金融機関窓口における対応ならびに事務システムの改定の検討が求められる事例といえます。

【資料24】　代理権が拡張された登記事項証明書

登 記 事 項 証 明 書

［保　佐］

保佐開始の裁判
　【裁　判　所】千葉家庭裁判所松戸支部
　【事件の表示】平成28年（家）12345
　【裁判の確定日】平成28年10月1日
　【登記年月日】平成28年10月3日
　【登記番号】第2016－4321号

被保佐人
　【氏　　名】千葉一郎
　【生年月日】昭和12年12月12日
　【住　　所】千葉県千葉市○○区○○1丁目1番1号
　【本　　籍】千葉県千葉市○○区○○1丁目1番地

保佐人
　【氏　　名】千葉二郎
　【住　　所】千葉県船橋市○○区○○2丁目2番2号
　【選任の裁判確定日】平成28年10月1日
　【登記年月日】平成28年10月3日
　【代理権付与の裁判確定日】平成28年10月1日
　【代理権の範囲】別紙目録記載のとおり
　【登記年月日】平成28年10月3日
　【代理権付与の裁判確定日】平成28年12月1日
　【代理権の範囲】別紙目録記載のとおり
　【登記年月日】平成28年12月3日

　　　　　　　　　　　［証明書番号］　○○○○－○○○（○／○）

【資料25】 当初の代理行為目録

登 記 事 項 証 明 書 （別 紙 目 録）

保 佐

代理行為目録

（別紙）
代 理 行 為 目 録

1　不動産賃貸借契約の締結・変更及び解除
2　預貯金の管理（口座の開設・変更・解約・振込依頼・払戻し）
3　金融機関とのその他の取引（上記預貯金の管理以外）
4　定期的な収入の受領（賃料・年金等）及びこれに関する諸手続き
5　定期的な支出を要する費用（賃料・公共料金・ローン返済金等）の支払及びこれに関する諸手続
6　遺産分割等の遺産相続及びこれに付随する一切の行為
7　相続の承認・放棄
8　住民票、戸籍謄抄本、登記事項証明書等の行政機関の発行する証明書の申請
9　以上の各事項の処理に必要な費用の支払
10　以上の各事項に関する一切の事項

以上

登記年月日　平成〇〇年〇月〇日
　　　　　　　　　　［証明書番号］　〇〇〇〇-〇〇〇（〇／〇）

【資料26】 拡張された代理権の内容を示す代理行為目録

登 記 事 項 証 明 書 （別 紙 目 録）

　　　　　　　　　　　　　　　　　　　　　　　　　　　　　| 保　佐 |

代理行為目録（追加）

（別紙）

代 理 行 為 目 録

金融機関、証券会社との債券（国債、公債、株式等のすべて）、投資信託、累積投資、金、通貨、外国為替等の金融商品のすべての取引（新規開設、契約変更、解約）及び配当金・分配金の受領

以上

登記年月日　平成〇〇年〇月〇日
　　　　　　　　　　　　　　　　［証明書番号］　〇〇〇〇－〇〇〇（〇／〇）

4 保険取引

保佐人、補助人、任意後見人による保険取引の根拠は、代理行為目録に保険に関する事項の記載があるか否かです（表6）。記載がない場合、金融機関は応じてはいけません。

表6　保険取引に関する代理行為目録の記載内容

保佐・補助類型（資料20）	任意後見（資料21）
1　財産管理関係の(3)保険に関する事項として： ①　保険契約の締結・変更・解除 ②　保険金の請求及び受領	C　定期的な収入の受領及び費用の支払に関する事項として： C1　定期的な収入の受領及びこれに関する諸手続　□その他 C2　定期的な支出を要する費用の支払及びこれに関する諸手続　□保険料
1　財産管理関係の(4)その他のうち： ②　定期的な支出を要する費用の支払及びこれに関する諸手続（□保険料）	F　保険に関する事項として： F1　保険契約の締結・変更・解除 F2　保険金の受領

資料22のケースの「2　保険金の請求及び受領」の記載により、本件補助人は、被補助人が受け取るべき保険金の請求とその受領を代理することができます。補助人からの請求を受けた保険会社は、特段の理由がなければ、補助人からの要請に応じます。なお、保険金の支払は、補助人名義の口座ではなく、被補助人名義の口座に行うのが適当です。

資料22のケースの補助人は、保険金の受取方法を年金払いから一括払いに変更する代理ができるでしょうか。それとも、受取方法の変更を代理するには「保険契約の締結・変更・解除」が必要につき、代理権の拡張申請を補助人に求めるでしょうか。ポイントは、受取方法の変更事務が「2　保険金の請求及び受領」に含まれるか含まれないかです。含まれない場合、既述のと

おり、被補助人本人自身による変更、被補助人が頼んだ人による変更、当該事務に関する代理権拡張審判決定後の補助人による変更、もしくは、資料22の状態で補助人による変更に応じる、のいずれかに対応することになるでしょう。いずれにするかの判断は、金融機関が自由にしなければなりません。問題があればクレームや訴訟になりえますが、それならそれに応じればすむことです。合理的な根拠をもち、毅然とした態度で（本件では）補助人に臨みましょう。

　一般的に、保険請求に関する指定代理人がいて、指定代理人と補助人が異なる場合、補助人が優先されます。保佐人、成年後見人、任意後見人も指定代理人に優先します。指定代理人と補助人（保佐人、成年後見人、任意後見人）で協議してもらい、どちらか一方からのみ請求してもらう保険会社もあるようです。

　被補助人を契約者、補助人を受取人とする保険の新規加入は、形式的利益相反とみなされます。ただ、このような保険の新規加入に関し、被補助人に強い意志があり、経済的余裕もあり、適当な保険商品であれば、保険会社が購入意思に応じて販売することは妨げられません。ある行為が利益相反であるか否かは、詰まるところ、後見とは別の司法判断となるからです。また、後見を使うということは、被後見人の財産を保全することにとどまらず、本人が元気ならそうするであろうように「本人の財産を使うこと」を含むからです。

▶ こんなときどうする？

後見人の要求に応じ金融機関が正当に行った取引を無にしてほしいと被後見人が要求してきた場合

　応じる必要ありません。詰まるところ、後見人と被後見人の間の事柄です。被後見人に対し「後見人の行為について、家裁に確認したり、弁護士さんに相談されたらいかがでしょうか」と促しましょう。ただし、後見人に監督人がついている場合で、元本の領収以外の行為については、被後見人が取り消せるので、応じることになります。

5　相続と特別代理人

　後見における相続事項の主眼は、判断能力が不十分であるため、例えば、負の相続を放棄できなかったり、最低限もらえることの主張ができなかったりすることを防止することにあります。

　資料22のケースの場合、「3　遺産分割又は単独相続に関する諸手続き」の記載により、本件補助人は、被補助人が受け取るべき遺産の分割協議に臨んだり、単独相続に関する諸手続を代理できます。他方、「相続の承認・放棄」「贈与、遺贈の受諾」「遺留分減殺の請求」という記載がないので、本件補助人は「相続の承認・放棄」「贈与、遺贈の受諾」「遺留分減殺の請求」の代理はできません。これらの行為を代理する必要があれば、補助開始申立ての段階で、そのような申請がなされたり、家庭裁判所の調査官などから指摘があったと思われます。よって、本件被補助人が抱えている相続は、被補助人のみが相続人で、かつ、積極財産の相続につき、「相続の承認・放棄」「贈与、遺贈の受諾」「遺留分減殺の請求」をする必要がないと推測されます。

　一般的に、補助人と被補助人の両方が相続人の場合、形式的利益相反があるとされます。補助人が代理権を使って、被補助人が得られる相続を放棄し、その分を補助人自身がもらう手続をとることができるからです。このような場合、補助人は、相続に関する代理権があってもそれを行使せず、本相続についての臨時補助人（特別代理人）を選任することになります（資料27）。ただ、相続に関し、補助人と被補助人の間に形式的利益相反がある場合でも、被補助人に不利益がないような場合、例えば消極財産の相続を補助人も被補助人も放棄すること等の場合、臨時補助人を選任する必要はありません。

【資料27】 特別代理人選任申立書

受付印	特別代理人選任 申 立 書
	(この欄に収入印紙800円をはる。)
収 入 印 紙　800円 予納郵便切手　818円	(はった印紙に押印しないでください。)

準口頭	基本事件番号　平成　年（家　）第　　　　　　　号

| 東京家庭裁判所　　　御中
　　　　□立川支部
　平成　　年　　月　　日 | 申 立 人 の
記 名 押 印 | 印 |

添付書類	□特別代理人候補者の住民票写し、□遺産分割協議書案、□本人の法定相続分が確保されていることがわかる書面、□抵当権設定契約書案、□金銭消費貸借契約書案（□保証委託契約書案）、□不動産の全部事項証明書 □ ※後見登記事項に変更がある場合は後見人、本人の□住民票の写し、□戸籍謄本

申立人	住　所	〒　　－ 電話　（　　） 携帯　（　　） （　　　　方）
	フリガナ 氏　名	大正 昭和　年　月　日　生　職業 平成
	被後見人 との関係	1　後見人　　2　利害関係人

本人	本　籍	都　道 府　県
	住　所	〒　　－ 電話　（　　） （　　　　方）
	フリガナ 氏　名	

(1/2)

申　立　て　の　趣　旨
特別代理人の選任を求める。

申　立　て　の　理　由	
利益相反する者	利益相反行為の内容
※ 1　後見人と被後見人との間で利益相反する。 2　その他（ 　　　　　　　　　　　）	※ 1　被相続人亡　　　　　　　　　　の遺産を分割するため 2　被相続人亡　　　　　　　　　　の相続を放棄するため 3　身分関係存否確定の調停・訴訟の申立てをするため 4　被後見人の所有する物件に（根）抵当権を設定するため 5　その他（　　　　　　　　　　　　　　　　　　　　）
	（その詳細）

特別代理人候補者	住　所	〒　　-　　　　　　　　　電話　（　　） （　　　　　　方）
	フリガナ 氏　名	昭和 平成　年　月　日　生　職業
	本　人 との関係	

（注）太枠の中だけ記入してください。※の部分については、当てはまる番号を○で囲み、利益相反する者欄の2及び利益相反行為の内容欄の5を選んだ場合には、（　）内に具体的に記入してください。

6 制限のある代理行為目録

　代理行為目録に記載された事項が、それぞれ独立している場合と相互に関連（制限）する場合があります。実務においては大きな違いとなりますので、資料28と資料29を比較しながら具体的に理解を深めましょう。

　資料28と資料29における代理行為目録は1〜3まで同じです。つまり、「1　介護契約の締結・変更・解除及び費用の支払」「2　介護契約以外の福祉サービスの利用契約の締結・変更・解除及び費用の支払」「3　医療契約の締結・変更・解除及び費用の支払」の三つです。

　資料28と資料29の4はいずれも預貯金に関する項目です。ただ、資料28においては「4　預貯金に関する金融機関との一切の取引」となっていますが、「4　上記1から3までの各契約の履行に必要な範囲内の預貯金に関する取引（預貯金の管理、振込依頼・払戻し等）」となっています。よって、資料28の保佐人は、用途の定めなく被保佐人名義の口座の開設・解約・振込依頼・払戻し等を代理することができますが、資料29の補助人は、被補助人の介護、福祉、医療の費用についてのみ被補助人の預貯金から引き出すことができることになります。金融機関は資料28の保佐人からの要求にはさほど留意することはありませんが、資料29の補助人より、被補助人の口座からお金を引き出す要請があった場合、その使途が「代理行為目録の1から3までの各契約の履行に必要な範囲内」なのか確認するのが適切な事務といえます。

　資料29の1〜3の記載内容から「施設費用」や「入院費」の支払についてまで代理権があるとは読み取れません。施設入所や入院に関する契約やその費用の支払についての代理権があるなら、資料20の「3　身上監護関係」の「③　福祉関係施設への入所に関する契約（有料老人ホームの入居契約等を含む。）の締結・変更・解除及び費用の支払」や「④　医療契約及び病院への入院に関する契約の締結・変更・解除及び費用の支払」のうち「病院への入院に関する」という表記が資料29の1〜3に付されてしかるべきだからで

【資料28】 代理行為項目間に関連（制限）のない代理行為目録

```
            登 記 事 項 証 明 書 （別 紙 目 録）

                                                    保 佐

  代理行為目録

       （別紙）
                     代 理 行 為 目 録
       1  介護契約の締結・変更・解除及び費用の支払
       2  介護契約以外の福祉サービスの利用契約の締結・変更・解除及び費用
         の支払
       3  医療契約の締結・変更・解除及び費用の支払
       4  預貯金に関する金融機関との一切の取引
                                                    以上




  登記年月日  平成○○年○月○日
                      ［証明書番号］  ○○○○－○○○（○／○）
```

す。ついては、資料29の補助人より、「被補助人が老人ホームに入るため、ある程度まとまったお金として500万円を引き出したい」という要請があれば、にわかには応じず、「施設入所に関する代理権があるかどうか」家庭裁判所へ確認してから出直すよう補助人に求めましょう。

第2章　後見人による代理取引への対応　95

【資料29】 代理行為項目間に関連（制限）のある代理行為目録

登 記 事 項 証 明 書 （別 紙 目 録）

補 助

代理行為目録

（別紙）

代 理 行 為 目 録

1　介護契約の締結・変更・解除及び費用の支払
2　介護契約以外の福祉サービスの利用契約の締結・変更・解除及び費用の支払
3　医療契約の締結・変更・解除及び費用の支払
4　上記1から3までの各契約の履行に必要な範囲内の預貯金に関する取引（預貯金の管理、振込依頼・払戻し等）

以上

登記年月日　平成○○年○月○日
[証明書番号]　○○○○-○○○（○/○）

▶ こんなときどうする？

後見人が金融機関へ後見人になった旨の届出をせず、本人のATMで預金を引き出したり、受取人の立場で保険請求等を行っていたことを知った場合

　一義的には、後見人が顕名を怠ったことになります。これにより、被後見人に実損が生じた場合、後見人に責任が及びます。二義的には、金融機関側の問題です。後の司法判断で、「本人（被後見人）に確認」したり、後見人に「代理人ですか」と聞くことが相当であったのにこれをせず被後見人に実損を負わせたとなれば、金融機関にも責任が生じうるからです。詰まるところ、被後見人の不利益にならないことが肝要です。留意しましょう。

7 後見人の行為に対する評価の視点
（例：孫の教育信託）

　司法統計によれば、後見人の100人に1人程度が、被後見人の財産を使い込んだなどの理由で解任されています。同じく、100人に7人程度が、諸事情により辞任しています。解任や辞任とまでならなくても、家庭裁判所から注意・指導される事案は相当数あります。これが「後見の質」の現状で、後見分野の課題の一つです。

　ここでは、最近人気の孫のための教育信託を例にあげ、後見人の仕事の良し悪しについて考察する視点を養っていきます。

　資料30の代理行為目録に「2　金融機関との貸金庫取引及び信託取引」と記載されています。つまり、本件補助人は、被補助人を代理して金融機関と信託取引をすることができる状態になっています。この表記だけでは、信託取引において被補助人が、委託者になるのか、受益者になるのか、受託者になるのかはわかりませんが、制限や条件が記載されていないことから、本件補助人は、被補助人が委託者・受益者・受託者のすべてになりうる代理行為をできると解するのが通常でしょう。

　本件補助人は、記載されている「信託取引」の代理権を利用し、被補助人の孫のための教育信託を購入します。委託者は補助人（債務者は被補助人）、受託者は教育信託を販売する金融機関、受益者は被補助人の孫、信託財産は被補助人の預貯金、信託目的は被補助人の孫の教育費の支払です。ここで、補助人と被補助人が他人であれば問題ないのでしょうが、補助人が受益者である孫の父親の場合、本件信託取引をめぐる補助人の行為の妥当性が危ぶまれてきます。親として補助人が行うべき扶養義務を被補助人に負担転嫁させるということで、補助人と被補助人の間に利益相反が認められうるからです。

　ついては、補助人と被補助人が親子である場合、金融機関は、信託商品の

第2章　後見人による代理取引への対応　97

【資料30】 信託取引を含む代理行為目録

登 記 事 項 証 明 書 （別 紙 目 録）

補　助

代理行為目録

（別紙）

代 理 行 為 目 録

1　預貯金に関するすべての取引（口座の開設・変更・解約・振込依頼・払戻）
2　金融機関との貸金庫取引及び信託取引
3　定期的な収入の受領（賃料・年金等）及びこれに関する諸手続
4　定期的な支出を要する費用（賃料・公共料金・ローン返済金等）の支払及びこれに関する諸手続
5　贈与の申込みの拒絶又は負担付贈与の申込みの承諾
6　遺産分割等の遺産相続及びこれに付随する一切の行為
7　遺贈の放棄又は負担付遺贈の承認
8　遺留分減殺の請求
9　相続の承認・放棄
10　介護契約（介護保険制度における介護サービスの利用契約、ヘルパー・家事契約援助等の派遣契約等を含む。）の締結・変更・解除及び費用の支払
11　福祉施設への入所に関する契約（有料老人ホームへの入所契約等を含む。）の締結・変更・解除及び費用の支払
12　医療契約及び病院への入退院に関する契約の締結・変更・解除及び費用の支払
13　住民票、戸籍謄抄本、登記事項証明書等の行政機関の発行する証明書の請求
14　以上の各事項の処理に必要な費用の支払
15　以上の各事項に関連する一切の事項

以上

登記年月日　平成○○年○月○日

［証明書番号］　○○○○－○○○（○/○）

販売を控えるべきでしょうか。それとも売るでしょうか。判断しかねるということで家庭裁判所に聞いても「補助人が有する代理行為の範囲につき、当事者同士で決めてください」と回答されるでしょう。もしくは、「控えてください（売ってはいけない）」といわれてしまうかもしれません。金融機関が自らの判断基準をもって後見人の行為を評価する必要があることがわかります。

　一般的に、後見人の行為は、「本人の意思」「行為の必要性」「行為の相当性」の３点で評価されます。先に取り上げた「孫の教育資金をまかなう信託商品の購入」をこの３点に当てはめて考察しましょう。

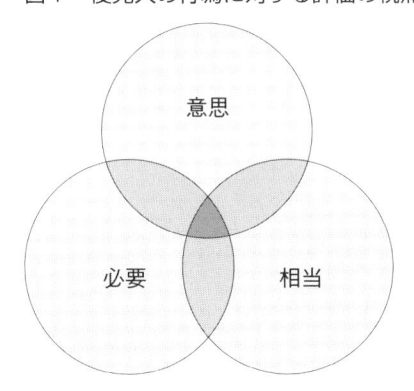

図１　後見人の行為に対する評価の視点

（意思／必要／相当のベン図）

①　本人の意思

　信託商品の購入に対し、被補助人（本人）の意思があるかないかの視点です。本人にその意思があれば、また、そのような意思を確認できる書面等があれば、補助人の購入行為ならびに金融機関の販売行為は評価されるでしょう。逆に、本人の意思がなければ、被補助人の意思に反して、あるいは、それを確認せず、被補助人のお金を使って商品を売った・買ったと評価されかねません。売買に際し「被補助人（本人）の意思を確認する」ことが重要で

あることがわかります。

　ただ、本人が被後見人だと意思確認はむずかしいかもしれません。かといって諦めてはいけません。後見類型でも会話や意思確認ができる人は少なくないからです。意思表示や判断能力は、体調や物事の内容によって良くも悪くもなりえるからです。

② 行為の必要性

　孫の教育資金信託購入が被補助人本人にとって必要かという視点です。税金対策ということであれば必要性がないとはいえないかもしれません。被補助人が孫と約束していたということであれば、上記、本人の意思と関連しますが、約束を果たすという意味で必要性は向上するでしょう。ただ、約束した当時と現在の人間関係や経済状況は考慮される必要はあります。いずれにせよ、学ぶのは被補助人本人ではないので、被補助人本人に直接的利益があると思われる医療や介護の購入に比べ、孫の教育資金信託の購入の必要性は高いとはいえないでしょう。

③ 行為の相当性

　購入する商品や事務手続に関する視点です。リスクの高いものであれば、相当性に欠けると判断され、そのような商品の代理購入ならびに販売は不相当となりかねません。信託商品を買うことで、被補助人自身の生活費が枯渇するようであれば、商品自体は適当であっても購入の相当性は認められないでしょう。そのほか、補助人と金融機関（の担当者）との関係も適切であることが必要です。

　信託取引のほか、資料30に記載された代理行為目録のうち金融機関に関係する事項は「1　預貯金に関するすべての取引（口座の開設・変更・解約・振込依頼・払戻）」「3　定期的な収入の受領（賃料・年金等）及びこれに関する諸手続」「4　定期的な支出を要する費用（賃料・公共料金・ローン返済金等）の支払及びこれに関する諸手続」の三つです。いずれも比較的単純な事務で

すが本人の意思、行為の必要性、行為の相当性で対応を点検することも可能です。後見人の行為に関する3視点「意思」「必要」「相当」を身につけ、取引の妥当性や後のトラブルを防止するために説明力向上につなげましょう。

8 不動産取引

　後見人による取引のなかでも、被後見人の居住用不動産は特別扱いです。実際の取引の前に家庭裁判所から許可を得なければならないからです。家庭裁判所の事前許可なき行為は、後見人といえども「権利なく勝手にやった」ことで、解任事由や損害賠償の対象になりえます。ただ、任意後見の場合、居住用不動産の取扱いが契約に盛り込まれていれば家庭裁判所の事前許可は不要です。任意後見契約の委任者が、そのようにしてほしいと望んでいたことが契約書を通じ確認できるからです。

　後見人による取引の内容は、被後見人の居住用不動産を売る、買う、貸す、借りる、直す、それに抵当権をつける、のいずれかです。これらについて代理行為目録に記載されうる不動産関係の表記は表7の内容に近似します。

表7　不動産取引に関する代理行為目録の記載内容

保佐・補助類型 （資料20）	「本人の不動産に関する取引（売却、担保権設定、賃貸）」「他人の不動産に関する（購入、借地、借家）契約の締結・変更・解除」「住居等の新築・増改築・修繕に関する請負契約の締結・変更・解除」
任意後見 （資料21）	「居住用不動産の購入」「居住用不動産の処分」「借地契約の締結・変更・解除」「借家契約の締結・変更・解除」「住居等の新築・増改築・修繕に関する請負契約の締結・変更・解除」

　資料31のケースでは、代理行為目録に「1　不動産の保存、管理、売却」と記されています。よって、本件保佐人は、記載されていない「本人の不動産に関する担保権設定、賃貸」「他人の不動産に関する購入、借地、借家契約の締結・変更・解除」「住居等の新築・増改築・修繕に関する請負契約の締結・変更・解除」の代理はできません。

　本ケースのほか、例えば、「本人所有の不動産の売却・購入及びその管

【資料31】 不動産取引を含む代理行為目録

```
          登 記 事 項 証 明 書 （別 紙 目 録）

                                              保 佐

   代理行為目録
      （別紙）
                   代 理 行 為 目 録

   1  不動産の保存、管理、売却
   2  預貯金口座の開設、預貯金取引、貸金庫取引
   3  福祉関係施設への入所契約、福祉サービス利用契約、介護契約の各締
      結・変更・解除
   4  年金その他社会保障給付の受給手続き
   5  年金の受領
   6  福祉関係施設入所費用、福祉サービス利用費用、介護費用、公租公
      課、公共料金の各支払
                                              以上



   登記年月日  平成〇〇年〇月〇日
                   ［証明書番号］ 〇〇〇〇－〇〇〇（〇／〇）
```

理」という表記なら「抵当権の設定」や「賃貸」の代理はできません。「本人の不動産に関する取引（売却）」という表記なら「売却」の代理しかできません。「他人の不動産に関する借家契約の締結・変更・解除」という表記なら、「本人の不動産」に関する代理行為はできません。「住居等の修繕に関する契約の締結・変更・解除」という表記なら、住居等の「売却」の代理はできません。ここでいう「住居等」の「等」には別荘、店舗、倉庫などが含

まれますが、内容を確定にするには、事案ごとに家庭裁判所に確認するしかありません。

① 居住用不動産の売却

被後見人等の居住用不動産を売却する場合には、売却する理由、売却しても本人の居場所があること、だれにいくらで売却するか（だれがいくらで購入するか）を示す売買契約書などを家庭裁判所に提出し、許可を求めます。その文例（資料32）と専用の申立書類（資料33、資料34）は以下のとおりです。

【資料32】　被後見人等の居住用不動産処分の許可審判申立ての文例

［申立ての趣旨］
　成年後見人である申立人が成年被後見人に代わって、別紙物件目録記載の各不動産を別紙売買契約書（案）のとおり、売却することを許可する審判を求める。

［申立ての理由］
　申立人は平成○年○月○日、御庁において成年被後見人の成年後見人に選任された。成年被後見人は現在、○○病院に入院中であるが、本年○月から介護付有料老人ホームに入居することとなった。同ホーム入居時に一時金○万円が発生し、今後、月々約○万円の施設使用料の負担が生じる。別紙物件目録記載の各不動産は入院前、被後見人が単身居住していたものだが、先に提出した財産目録のとおり、被後見人には預貯金等流動資産が乏しく、本件売却により同ホームに対する費用の財源を確保する必要がある。買受申込書記載の金額は、近隣相場に相当し妥当である。よって、売却の許可を得たく本申立てに及ぶ。
　　　　　　　　　　　　　　　　　　　　　　　　　　　　　　　以上

【資料33】 家庭裁判所に提出する居住用不動産処分許可申立書

受付印	居住用不動産処分許可申立書
	（この欄に収入印紙をはる。）
収 入 印 紙　　800円 予納郵便切手　　92円	（はった印紙に押印しないでください。）

| 準口頭 | 基本事件番号　平成　年（家　）第　　　　　　　号 |

| 横浜家庭裁判所　　御中
平成　年　月　日 | 申 立 人 の
署 名 押 印
又 は 記 名 押 印 |　　　　　　　　　　　印 |

| 添付書類 | |

申 立 人	本　籍	都　道 府　県	
	住　所	〒　　－　　　　　　　　　電話・携帯　（　　　） （　　　　　　　方）
	フリガナ 氏　名	大正 昭和　　年　月　日生 平成
	職　業	

本 人	本　籍	都　道 府　県	
	住　所	〒　　－　　　　　　　　　電話　（　　　） （　　　　　　　方）
□被補助人　□被保佐人　□被後見人	フリガナ 氏　名	明治 大正 昭和　年　月　日生 平成

（注）　太枠の中だけ記入してください。

(1/2)

申　立　て　の　趣　旨

1　□後見人　　　　　□被後見人
　　□保佐人　である申立人が　□被保佐人　の別紙物件目録記載の居住用不動産
　　□補助人　　　　　□被補助人

　□を、別紙売買契約書（案）のとおり、売却すること
　□を、別紙賃貸借契約書（案）のとおり、賃貸すること
　□を、別紙使用貸借契約書（案）のとおり、無償で使用させること
　□の賃貸借契約を合意により解除すること
　□に対し、別紙（根）抵当権設定契約書（案）のとおり、（根）抵当権を設定すること
　を許可するとの審判を求めます。

2　□後見人　　　　　□被後見人
　　□保佐人　である申立人が　□被保佐人　の居住用建物を取り壊すこと
　　□補助人　　　　　□被補助人
　を許可するとの審判を求めます。

3　[　　　　　　　　　　　　　　　　　　　　]を許可するとの審判を求めます。

（注）　申し立てる内容の番号を○で囲み、該当する□にチェックをしてください。

申　立　て　の　理　由

（具体的な理由を記入してください。）

（注）　太枠の中だけ記載してください。

(2/2)

【資料34】 居住用不動産売却に対する親族等からの同意書

〔家庭裁判所提出用〕

同　意　書

1　私は、本人（　　　　　　　）の（　　　　　　　）にあたります。
　　　　　※本人の名前　　　　　※本人との続柄（関係）

2　私は、後見人（保佐人・補助人）が申立てたとおりの内容で、本人の居住用不動産を｜□売却する　□担保を設定する　□取り壊す　□　　　｜
　　　　　※該当する□にチェックをする。
　ことに同意します。

3　その他

平成　　年　　月　　日
　　　　　　氏名（署名）　　　　　　　　　　　　　　　　　印
　　　　　　生年月日　M・T・S・H　　年　　月　　日生
（〒　　　－　　　　）
住　　所：

電話番号：（自宅）
　　　　　（携帯電話、昼間の連絡先等）

横浜家庭裁判所後見係　御中

② 抵当権の設定

　被後見人が借金をするにあたり、本人の居住用不動産に抵当権を設定することがあります。その場合も、事前にその理由や手続きを明らかに説明し、家庭裁判所から許可を得る必要があります。申立てを受けた家庭裁判所が交付する許可審判の主文（例）はおよそ以下のとおりとなります（資料35）。

【資料35】　居住用不動産処分許可審判の文例

主文

　申立人が、成年被後見人に代わって、下記の行為をすることを許可する。

記

　成年被後見人と㈱○○との間で締結する継続的金銭消費貸借契約に基づき、同人が同法人に対し負担する債務の担保として、成年被後見人が所有する別紙物件目録記載の不動産に対し次の通り根抵当権を設定すること。
(1)　極度額　○○万円
(2)　被担保債権の範囲　継続的金銭消費貸借契約による債権
(3)　債務者　成年被後見人

---

③ 居住用不動産の購入

　被後見人の家を購入することについて、本人の意思・その必要性・その相当性に照らしアピールすることで、家庭裁判所から許可が下りるかもしれません。銀行口座にある手持ち資金で買うなら、銀行は家庭裁判所からの許可を確認してから払い出すのがよいでしょう。後見人が被後見人を債務者とする融資を金融機関に求めてくるかもしれません。このタイミングでは家庭裁判所からの許可は出ていません。その許可をもらうために、金融機関が先行して判断するのです。融資基準をもとに、意思・必要・相当に照らして取引

する、もしくは、しないことになるでしょうが、「借金は被後見人がするが、実際に住むのは被後見人以外である」場合、融資は控えたほうが無難かもしれません。なお、後見人がその保証人になることは可能ですが、被後見人に対する求償権の行使は困難になるでしょう。

④ 不動産取引の実績と推計

本人の居住用不動産の処分申請に対する家庭裁判所からの認容件数は、平成16年において1355件でした。その後、増加し続け、平成25年においては6222件でした（表8）。

表8　居住用不動産の処分申請に対する実績

平成	総数	認容	却下	取下げ	その他
16	1,451	1,355	5	84	7
17	1,729	1,623	9	91	6
18	2,278	2,142	12	117	7
19	2,865	2,723	5	137	0
20	3,433	3,266	7	150	10
21	3,727	3,524	11	185	7
22	4,406	4,170	19	209	8
23	5,028	4,761	10	235	22
24	5,830	5,556	9	251	14
25	6,550	6,222	10	293	25
合計	37,297	35,342	97	1,752	106

（出典）　司法統計（最高裁判所事務総局広報課）

平成25年における居住用不動産の処分申請に対する実質認容率（＝認容件数÷（総数－取下件数－その他件数））は、99.8％と相当に高いことも確認されます。このような過去10年間の実績をふまえ、今後10年の認容件数を推計すると、平成28年に約1万件となります。平成34年には2万件を超えます。

取引金額を1件当り3000万円とすると、平成25年の約2000億円から、平成35年には7500億円規模となります。本人の居住用不動産が首尾よく売却されれば、代金が本人の口座に振り込まれます。本人の口座に動きが出るので注視しましょう。

　居住用不動産の処分申請に対する却下は毎年10件前後存在します。最高裁判所家庭局に情報開示したもののデータがないということで、それぞれの理由の詳細はわかりかねますが、既述の評価の視点に照らせば「売ることについて本人の意思がなかった」「売る必要がなかった」「売るための金額や手続が相当ではなかった」のいずれかゆえと思われます。

9　後見人の動きを予測する

　金融機関の多くは、後見人に対し、後見人届出書の提出を当初に求めます。その際、後見類型や未成年後見であれば代理行為目録は存在しませんが、保佐類型、補助類型、任意後見の場合、代理行為目録を入手することになります。については、今後、金融機関とどのような取引がなされるか予測し、必要な準備をしておくことは手堅い運用と思われます。

　例えば、資料36のケースにおいて、金融機関のうち銀行が直接関与するのは以下の取引でしょう。

1　本人に帰属する預貯金に関する取引（預貯金の管理・振込依頼・払戻し・口座の開設・変更・解約等）

　同じく、被補助人の口座からお金が出ていく理由となりうる取引は、以下の八つでしょう。

3　保険金の締結、変更及び解除
4　介護契約、福祉サービスの利用契約及び福祉関係施設への入所に関する契約の締結・変更・解除
5　医療契約及び病院への入院に関する契約の締結・変更・解除
6　日用品以外の生活に必要な機器・物品の購入
8　家賃・地代の支払
10　負債の返済
11　公共料金の支払、社会保険料等の支払及び税金の申告・納付
12　以上の各事項の処理に必要な費用の支払

　同じく、被補助人の口座残高を増やす可能性の高い取引は以下の取引しょう。

2　保険金の請求及び受領

　同じく、被補助人の口座のお金の増減に影響を与える取引は、以下の二つでしょう。

第2章　後見人による代理取引への対応　111

7　不動産の購入、管理（家賃・地代等の受領を含む）及び処分
9　賃貸借契約の締結、変更及び解除
　下記は、被補助人の口座残高の増減に影響を与えませんが、事務処理上必要な代理行為です。
13　以上の各事項に関連する一切の事項

　資料36のケースは、いまのところ補助類型ですが、今後、保佐類型や後見類型もしくは終了になる可能性もあります。資料36だけでは監督人がいるのか不明ですが、現在はいなくても、多額の保険金が入ることで監督人がついたり、後見制度支援信託（第4章）を利用して預金管理をすることになるかもしれません。一般的に被補助人は元気な部分がありますので、自ら金融機関に取引を求めてくることもありえます。その際、補助人と被補助人の意見が異なればどちらにどのような理由で対応するか。その他の課題についても、入手した代理行為の各事項を理解し、初期的に全体を構造的に把握することで、補助人への対応方針の策定が可能となるでしょう。現存の事務取扱規定の追加事項や社内研修のメニューとして推奨します。

▶ こんなときどうする？

後見人と連絡がとれない場合

　後見人に土日はありません。あまりに連絡がとれない場合、被後見人に不利益が生じることがあります。後見人としての不適格が問われ、後見人の解任理由になりえます。金融機関の対応遅延問題にならないよう、タイムリーに、後見人を選任した家裁に相談しましょう。なお、登記事項証明書ほかの資料には、後見人の電話番号やメールアドレスは掲載されません。取引の当事者として、後見人の連絡先は常に確認・更新しましょう。

【資料36】 一般的な代理行為目録

登 記 事 項 証 明 書 （別 紙 目 録）

補 助

代理行為目録

（別紙）
代 理 行 為 目 録

1　本人に帰属する預貯金に関する取引（預貯金の管理・振込依頼・払戻し・口座の開設・変更・解約等）
2　保険金の請求及び受領
3　保険金の締結、変更及び解除
4　介護契約、福祉サービスの利用契約及び福祉関係施設への入所に関する契約の締結・変更・解除
5　医療契約及び病院への入院に関する契約の締結・変更・解除
6　日用品以外の生活に必要な機器・物品の購入
7　不動産の購入、管理（家賃・地代等の受領を含む）及び処分
8　家賃・地代の支払
9　賃貸借契約の締結、変更及び解除
10　負債の返済
11　公共料金の支払、社会保険料等の支払及び税金の申告・納付
12　以上の各事項の処理に必要な費用の支払
13　以上の各事項に関連する一切の事項

以上

登記年月日　平成〇〇年〇月〇日

[証明書番号]　〇〇〇〇－〇〇〇（〇／〇）

第 3 章

後見人による同意・取消取引への対応

後見人による同意・取消取引への対応を理解します。

1 同意権の範囲

　同意権は、後見に特徴的な手法です。被保佐人や被補助人が取引の相手方に対して行う、あるいは、行った行為を保佐人や補助人が「良し」として契約上有効にするからです。他方、同意権の裏返しといわれる取消権は、金融機関が最も対抗すべき手法です。被保佐人や被補助人が取引の相手方に対して行った行為を保佐人や補助人が「悪し」として契約上無効にするからです。総じて「同意なき行為は取り消されうる」あるいは「行為の確定には同意が必要」もしくは「同意されるまでは未確定」というとらえ方となります。

　後見類型の場合、同意行為目録は付されません。この理由として、被後見人が行為の主体者になろうとすることはないからという説がありますが、被後見人のなかには契約の主体者になろうとする人は少なからずいます。また、被後見人が不適切にした行為を後見人は取り消すことができるとされます。よって、金融機関としては、被後見人自身による行為について、「一切受け付けない（後見人による代理行為にのみ対応する）」か「後見人の同意を条件に受け付ける」のいずれかを決めておいたほうがよいかもしれません。なお、被後見人による行為が不適当であれば後見人はこれを取り消すことができます。

　保佐類型の場合、資料37に記載されるすべての事柄に同意権が付されます。よって、保佐類型の場合、同意行為目録はほとんどありませんが、資料37に含まれない、例えば、無償の委任契約、雇用契約、介護契約などが同意行為目録に付されることがあります。

　以上より、同意行為目録が付されるほとんどは、補助類型の場合となります。記載される個々の内容は、補助開始申立ての手続の過程において、本人の同意をふまえたうえで、どの行為に同意権を付与するかを最終的に家庭裁判所が決めます。ここでは、同意行為目録に記載されうる内容や表記を俯瞰

しましょう（表9）。

表9　主に補助類型の同意行為目録を構成する分野と項目数

	分　野		項目数
1	元本の領収又は利用	(1)　預貯金の払戻し	2
		(2)　金銭の利息付貸付	
2	借財又は保証	(1)　金銭消費貸借契約の締結	2
		(2)　債務保証契約の締結	
3	不動産その他重要な財産に関する権利の得喪を目的とする行為	(1)　本人所有の土地又は建物の売却	8
		(2)　本人所有の土地又は建物についての抵当権の設定	
		(3)　贈与又は寄附行為	
		(4)　商品取引又は証券取引	
		(5)　通信販売（インターネット取引を含む）又は訪問販売による契約の締結	
		(6)　クレジット契約の締結	
		(7)　金銭の無利息貸付	
		(8)	
4	訴訟行為		1
5	和解又は仲裁合意		1
6	相続の承認もしくは放棄又は遺産分割		1
7	贈与の申込みの拒絶、遺贈の放棄、負担付贈与の申込みの承諾又は負担付遺贈の承認		1
8	新築、改築、増築又は大修繕		1
9	民法602条に定める期間を超える賃貸借		1
	合　計		18

【資料37】 主に補助類型の同意行為目録に記載されうる内容と表記

（別紙）
【補助開始申立用】同意行為目録

1 元本の領収又は利用
 (1) 預貯金の払戻し
 (2) 金銭の利息付貸付

2 借財又は保証
 (1) 金銭消費貸借契約の締結
 (2) 債務保証契約の締結

3 不動産その他重要な財産に関する権利の得喪を目的とする行為
 (1) 本人所有の土地又は建物の売却
 (2) 本人所有の土地又は建物についての抵当権の設定
 (3) 贈与又は寄附行為
 (4) 商品取引又は証券取引
 (5) 通信販売（インターネット取引を含む）又は訪問販売による契約の締結
 (6) クレジット契約の締結
 (7) 金銭の無利息貸付
 (8)

4 訴訟行為

5 和解又は仲裁合意

6 相続の承認もしくは放棄又は遺産分割

7 贈与の申込みの拒絶、遺贈の放棄、負担付贈与の申込みの承諾又は負担付遺贈の承認

8 新築、改築、増築又は大修繕

9 民法602条に定める期間を超える賃貸借

2　同意権行使のタイミング

　保佐人や補助人による同意権行使（すなわち同意行為）のタイミングは2時点あります。被保佐人や被補助人による行為の前に同意する場合（事前同意）と被保佐人や被補助人による行為の後に同意する場合（事後同意ないし追認）です。ここでは船旅を例に同意権行使を理解しましょう。

① 事前同意

　被補助人が「80万円する日本一周船の旅に出たい」と補助人にいいました。その補助人には「10万円以上のサービスの購入」について同意権が付されているので、今回の船旅は補助人の同意を要する行為となります。補助人は、本人の意思・旅行の必要と相当の観点から、今回の船旅を「良し」と判断し、旅行会社に「本人による船旅購入について補助人として同意します」と電話で伝えました。旅行会社は「承知しました」と回答しました。この時点で、同意行為が成立しています。逆に、補助人はこの時点で取消権の行使を放棄したことになります。その後、被補助人は旅行会社へ行き、自らの思う旅行を計画し、契約し、その費用を支払いました。これにて本件船旅は契約上確定となります。

② 事後同意もしくは追認

　被補助人は、補助人に内緒で船旅の契約と支払をしていました。そのことを補助人が知ったのは旅行出発の1週間前でした。その時点で補助人は今回の旅行を「良し」とし旅行会社へ電話し、「本人がした船旅契約とその購入について、補助人として同意します」と伝えました。これに対し旅行会社は「承知しました」と回答しました。これにより、被補助人が行った船旅契約は、その時点にさかのぼって有効となります。

　同意権の行使、つまり同意行為の方法に規定はありません。電話でも、

メールでも、郵送でも同意の意思を取引の相手方に伝えれば足りるとされます。金融機関としては、保佐人や補助人に対し、文書での同意行為を求めることがよいでしょう（資料38、資料39）。

【資料38】 保佐人による同意書

同　意　書

　被保佐人○○○○が下記の行為を行うことに同意します。

記

1．甲野一郎がA信用金庫より、以下のとおり借り入れをするにあたり、被保佐人○○○○がその保証をすること。

　　　借入金額　　金100万円也
　　　利息　　　　平成○○年○月○日まで年利息2.5％
　　　　　　　　　（但し、365日の日割り計算）

2．被保佐人○○○○が所有する以下の不動産を、A信用金庫に抵当権第一順位で設定し、登記すること。

　　　所在地　　　○○県○○市○○町456番地
　　　地目　　　　宅地
　　　面積　　　　165.3㎡
　　　債権額　　　金100万円也

以上

平成○○年○月○日

　　　　　　　　　　　住所　○○県○○市○○町1丁目2番3号
　　　　　　　　　　　被保佐人○○○○　保佐人○○○○　㊞

【資料39】 保佐人による追認書

　　　　　　　　　　追　認　書

　被保佐人○○○○が貴行と締結した下記の契約を追認します。

　　　　　　　　　　　　記

1．平成○○年○月○日付金銭消費貸借契約
　　　元金100万円也（平成○○年○月○日現在借入残金98万円也）

　　　　　　　　　　　　　　　　　　　　　　　　　　　以上

平成○○年○月○日

　　　　　　　　　　住所　○○県○○市○○町1丁目2番3号
　　　　　　　　　　被保佐人○○○○　保佐人○○○○　㊞

3　催告権

　被保佐人や被補助人がした取引について、保佐人や補助人の同意がない状態が続くことは、金融機関にとってよいことではありません。5年間を超えた取引については同意も取消しもできませんが、その期間内に、結果的に、保佐人や補助人が取消権を行使するなら返金ならびに関連事務が発生する可能性があるからです。そこで金融機関は「催告権」を行使します。追認するのか取り消すのか、保佐人や補助人に態度を明らかにさせるのです。

　催告の方法は、被補助人や被保佐人に催告する場合と補助人や保佐人に催告する場合の2パターンです。催告の相手を被補助人や被保佐人とする場合、1ヶ月以上経って確答がなければ、その契約は取り消されたことになります。一方、催告の相手を補助人や保佐人とする場合、1ヶ月以上経って確答がなければ、その契約は追認されたことになります。

　このような催告権の行使ならびにその対応もめんどうです。そこで、被保佐人や被補助人が取引の主体者になる場合、多くの金融機関では、その保佐人や補助人から同意書を求めるようです。ただし、保佐人や補助人の同意行為目録のなかに金融関係の項目がなければこの同意書は不要です。その保佐人や補助人は金融関係の項目に同意も取消しもできないからです。

▶ こんなときどうする？

催告した補助人の判断能力が不十分と思われる場合

　現実にあることです。判断能力が不十分につき、補助人は催告への応答ができないかもしれません。すると「黙認」ということで形式的には被補助人がした行為は確定します。ただ、信義則的にも、民法改正の動向（契約当事者に意思能力がない契約は無効の規定）からしても、「確答」を得るのが筋です。よって、催告した補助人の判断能力が不十分と思われる場合、監督人がいれば監督人に、いなければ家裁に相談しましょう。

4 取消権

　取消しは「白紙に戻す」ないし「そもそもなかったことにする」行為です。よって、例えば、被保佐人と取引の相手方がした契約、支払、授受に対し保佐人が取消権を行使すれば、当事者である被保佐人と取引の相手方は、もとの状態に戻すこと（原状回復）に努めることになります。

　先にあげた船旅の例に照らし取消しを考えてみましょう。船旅に行く前であれば、船券とお金を交換すればよいでしょう。被補助人が船旅から帰ってきてからの取消しであれば、被補助人は旅行会社へ返すものを持ち合わせていません。他方、旅行会社は船旅代を全額返金することになりかねません。本来、単独で取引してはいけない人と取引した責任は、旅行会社側が負うという考えがあるからです。

　これが、例えば保険金であればどうなるでしょう。まず、ある保険の契約者かつ受取人であるAが、受取人の変更を金融機関に申し出ました。金融機関はこれに応じ受取人をBに変更しました。その後、支払要件が満たされたので金融機関はBに保険金を払い出しました。そうしたところ、Aの保佐人が登場し、Aがした受取人変更について取り消してきました。ここで金融機関は初めてAが被保佐人であることを知りました。

　金融機関は、Aが詐術を用いて変更したときを除いてAが被保佐人であることを知らなかったといって保佐人による取消行為から逃れることはできません。原状回復に向けて、受取人をBからAに戻し、Aに対し保険金を満額支払います。Bから全額回収できなくてもAには満額払います。このようなめんどうやリスクのないよう金融機関は、その約款に「契約者等の後見人、保佐人、補助人は保険会社に対し遅滞なくその届出をするものとする。その届出がないことで保険会社が損害を被る場合、保険会社は後見人、保佐人、補助人に賠償を求めることができる」という内容を盛り込むとよいかもしれません。金融機関が契約者に関する登記事項証明の交付を請求できない現状

をふまえると、就任後1ヶ月以内に被後見人等の財産目録を家庭裁判所に提出する義務を負う過程で被後見人等の財産を把握している後見人等に対しこのような届出をさせることで、金融機関自身を護ることは当然の防衛と思われます。

　加えて、同一の金融取引について代理権と同意権（取消権）の両方が付されていることが多い現状をかんがみ、代理権で仕事をするよう保佐人や補助人に促し確定させることも一策です。代理権を使って保佐人や補助人がした行為が取り消されることはほとんどないからです。検討・実行してみてください。

5 保佐人や補助人の同意を得られない場合の家庭裁判所からの許可

　被補助人や被保佐人の取引に対し補助人や保佐人が同意しないが、被補助人や被保佐人がどうしてもその取引をしたい場合、被補助人や被保佐人は家庭裁判所に対し、その取引を行う許可を求める方法があります。資料40の事案の背景は「ある父親は障害をもつその長女に永年にわたり年110万円をあげてきた。この度、父親が認知症になりその長男が父親の保佐人になったところ、その長男（保佐人）は父親（被保佐人）から長女への贈与について同意しないこと」です。これに怒った父親（被保佐人）は、家庭裁判所に許可を求め、その結果、家庭裁判所からの許可を得て、保佐人の同意や取消しにかかわらず自らの取引を実行する状態をつくりました（資料41）。

　本件に関し金融機関は、保佐人の意思にかかわりなく、被保佐人から提出された許可審判書と許可行為目録をふまえ、110万円を払い出すことになります。ただし、許可行為目録は登記されませんので、登記事項証明書の提出を求めることは不要です。保佐人や補助人による不同意ないし取消しへの対

【資料40】 保佐人の同意にかわる許可審判申立ての文例

［申立ての趣旨］
　申立人が、申立人の長女に対し、平成○年○月から5年間、金110万円を贈与することを許可するとの審判を求める。

［申立ての理由］
　申立人は、御庁より保佐開始の審判を受け、平成○年○月○日確定し、申立人の長男が保佐人に選任された。申立人は、保佐開始前より永年、長女に毎年金110万円を贈与し、長女はこれを生活費の一部に充ててきた。申立人の財産状況によれば、上記贈与を当面継続することは、申立人の利益を害するおそれがないにも関わらず保佐人は同意しない。よって、保佐人に代わる許可の審判を得たく、本申立てに及ぶ。

【資料41】 家庭裁判所からの許可行為目録の文例

```
           許 可 行 為 目 録

 被保佐人○○が、平成○年1月から平成○年1月まで、各年1月、長女○○
に対し金110万円贈与する行為
                                    以上
```

抗策として、この方法を理解することは金融機関にとっても有効と思われます。

6 同意行為目録上の表示金額

　同意行為目録には、その事務の内容のみならず、金額が表記されることが多々あります。例えば、資料42の同意行為目録には「金５万円」という金額が付されています。これをふまえ本同意行為の趣旨は、被補助人が５万円を超える物品の購入及びサービスの提供契約の締結をするにあたり、補助人の同意がない限りその契約は確定せず、また、補助人はその行為を取り消して５万円以上の金銭を取り戻すことができるとなります。本ケースでは「金５万円を超える」という金額の表示ですから、５万円以上の物品購入やサービス提供のみ同意権の対象ということになります。つまり、３万円のテレビ（物品）や２万円のエステ（サービス）は同意権ないし取消権の対象になりません。これらについては被補助人が独立して行うことになります。

　同意行為目録に付される表示金額は、補助開始申立ての際、本人の意向や経済状況をかんがみ家庭裁判所が決定します。一般的に２万円から10万円が多いようです。仮に、この金額が1000円となると、取引の現場が混乱するでしょう。1000円くらいであれば損をしても大したことはないとも思われます。同意行為目録の上部にカッコ書きで（ただし、日用品の購入その他日常生活に関する行為を除く。）と記される背景にはこのような考えがあるのです。同意行為目録に、この「ただし書き」がない場合も、この考えは適用されると考え対応してください。

　なお、金額を上げたり下げることが現実的に必要である場合、その旨、家庭裁判所に申し立てることで、表示金額の変更はありえます。また、金額ではないですが、本ケースにおいて「サービスの提供契約」という記載がなければ、エステ等のサービスは同意権の対象になりません。

　金融機関としては、同意行為目録に、資料37のうち、「１　元本の領収又は利用、⑴　預貯金の払戻し、⑵　金銭の利息付貸付け」や「２　借財又は保証、⑴　金銭消費貸借契約の締結、⑵　債務保証契約の締結」の記載なら

びにその金額が表記されている場合、注意して実務に臨むことになります。

【資料42】 金額の表示のある同意行為目録

登 記 事 項 証 明 書 （別 紙 目 録）

[補　助]

同意行為目録

（別紙）

同 意 行 為 目 録

下記の行為（ただし、日用品の購入その他日常生活に関する行為を除く。）

記

金５万円を超える物品の購入及びサービスの提供契約の締結

以上

登記年月日　平成○○年○月○日
　　　　　　　　　　　　　　［証明書番号］　○○○○－○○○（○／○）

7 後見開始後に発覚する適合性の原則

　一般的に、通信販売や訪問販売対策は、高齢者の増加や高齢者のみ世帯などの世相を反映します。判断能力が不十分であればなおのこと、また、在宅であれば施設や病院にいるよりも悪質な訪問販売の対象になりえます。金融機関とは直接の関係がないと思われるいわゆる「買い物」分野については、同意権ないし取消権を活用し、高齢者等を保護することは必要と思われます。

　資料43のケースでは、「1　通信販売（インターネット取引きを含む）又は訪問販売による契約の締結」と「2　1件あたり10万円以上の物品・サービスの購入」について、補助人の同意を要することが記載されています。ここで、補助開始前に被補助人が合理的な意に反して行った取引について認知した際、本件補助人は、取消権ではなく代理権を使って対応します。このことから判断能力が不十分な人との取引の妥当性は、補助人等がついてから顕在化しうることがわかります。

　同意権の裏返しといえる取消権とクーリングオフは二つの点で異なります。一つは、契約をなかったことにする取消権に対し、クーリングオフは、あった契約を解約するという点です。もう一つは、取消権は後見等開始後であれば5年前にさかのぼって行使できますが、クーリングオフは契約後8日間程度まで可能という点です。

【資料43】 在宅の被補助人に一般的な同意行為目録

登 記 事 項 証 明 書 （別 紙 目 録）

補　助

同意行為目録

別紙

同 意 行 為 目 録

1　通信販売（インターネット取引きを含む）又は訪問販売による契約の締結
2　1件あたり10万円以上の物品・サービスの購入

以上

登記年月日　平成○○年○月○日
　　　　　　　　　　　　　　［証明書番号］　○○○○－○○○（○／○）

8 不明瞭な記載対策

　同意行為目録に記載される表記のなかでも「不動産その他重要な財産に関する権利の得喪を目的とする行為」は、多くの内容を含みます。表9ならびに資料37にあるように「不動産その他重要な財産に関する権利の得喪を目的とする行為」には「(1)　本人所有の土地又は建物の売却」から「(7)　金銭の無利息貸付」及び事案により「(8)　消費寄託、土地賃貸借の合意解除、記名株式の質入、雇用契約、他」が該当します。よって、資料44のケースではそのうち(1)～(7)のすべてに同意権が付されていると解されます。

　さて、資料44には「不動産その他重要な財産に関する権利の得喪を目的とする行為（金10万円以上の物品の購入）」ということで（金10万円以上の物品の購入）がカッコ書きで付されています。このカッコ書きが実務上難儀となります。解釈が二つありうるからです。一つの解釈は、本件補助人は、「(1)～(7)と金10万円以上の物品の購入」について同意権があるとします。もう一つの解釈は、本件補助人は、「(1)～(7)のうち金10万円以上の物品の購入」について代理権があるとします。これは大きな違いです。

　ここで、「（金10万円以上の物品の購入）」という記載の「物品」に注目してみましょう。(1)～(7)のうち「物品」が関係するものはどれでしょうか。土地は物品でしょうか。その他についても、当てはまりそうなものもあれば当てはまらないと思われるものが混在しています。「購入」はどうでしょうか。同じく、当てはまりそうなものと当てはまらないと思われるものが混在しています。かように不明瞭につき、現場で取引の適否の決定を下すことはできません。

　このように権利関係を特定できない記載は少なくありません。これに際し、金融機関としては、補助人等に「家庭裁判所に確認してください」といわざるをえません。補助人等は「ここに書いてあるじゃないか」と主張するでしょうが金融機関としては、「この同意行為目録では特定できない」とし

て取引を留保する以外に方法はありません。電話でも訪問でもよいので家庭裁判所に照会すると、タイムリーかつ明快に回答してくれる場合もありますが、そうでない場合もあります。その旨、補助人等に伝えてください。

　金融機関としては、家庭裁判所がどのように回答したか、できれば書面で確認したいところでしょう。そこで補助人等に「なるべく家庭裁判所から文書で回答をもらってください」と付け加えましょう。この文書に費用はかかりませんが、交付してくれる家庭裁判所と交付してくれない家庭裁判所があるようです。家庭裁判所から文書が出なければ、補助人等から家庭裁判所からの回答内容について念書をとる以外に金融機関としては確実な方法はないと思われます。

　金融機関が家庭裁判所に直接、個別事案の権限内容を照会する方法もなくはありません。ただ、金融機関は、後見の当事者ではなく利害関係者なので、家庭裁判所は回答してくれないかもしれません。ならばということで、利害関係者であることを疎明して、家庭裁判所に保管されている当該事案資料の謄写・閲覧請求の方法があります。申立て時点の書類や調査官の報告書などから、個別の取引に関する権利を読み取ることができるかもしれないからです。実際、補助人等が家庭裁判所に照会しても、本件権利関係を確認する作業はこれと同様になります。ただ、金融機関に対する顕名義務はあくまで補助人等にありますので、補助人等に要求することが原理原則となります。

【資料44】 権利関係が特定できない同意行為目録

登 記 事 項 証 明 書 （別 紙 目 録）

補　助

同意行為目録

（別紙）
同 意 行 為 目 録
　不動産その他重要な財産に関する権利の得喪を目的とする行為（金10万円以上の物品の購入）をすること

以上

登記年月日　平成○○年○月○日
　　　　　　　　　　　　　［証明書番号］　○○○○－○○○　（○／○）

9 保証

　資料45の「2　借財又は保証をすること」の記載により、被補助人が借金をしたり、被補助人がだれかの借金の保証人になるにあたっては、補助人の同意がなければその行為や契約は確定しないことがわかります。ここで、保佐人や補助人が借金をするにあたり、被保佐人や被補助人が保証人となり、その保証契約について保佐人や補助人が同意することは利益相反となります。よって、金融機関はこのような取引に応じることはできません。

　被保佐人や被補助人が借金をするにあたり、保佐人や補助人がその債務契約に同意し、かつ、その契約の保証人になることはどうでしょうか。保佐人や補助人が、被保佐人や被補助人に対する求償権を放棄することで可能といえます。金融機関等、お金を貸す側には何の問題も発生しません。

　なお、資料45の「1　一件につき5万円以上の対価の支払を伴う有償行為（売買目的、雇用契約、委任契約、寄託契約、役務提供契約等）の締結」の記載により、本件被補助人が5万円以上の買い物（本件では売ることは同意権の対象ではない）のためお金を払ったり、5万円以上払って人に頼む（雇用契約、委任契約、寄託契約、役務提供契約等。被補助人がだれかに頼まれることは含まれない）にあたっては、補助人の同意がなければその行為や契約は確定しないことがわかります。これは記述とおよそ同じ内容です。

【資料45】 保証に関する事項のある同意行為目録

登 記 事 項 証 明 書 （別 紙 目 録）

補　助

同意行為目録

同 意 行 為 目 録

1　一件につき５万円以上の対価の支払を伴う有償行為（売買目的、雇用契約、委任契約、寄託契約、役務提供契約等）の締結

2　借財又は保証をすること

以上

登記年月日　平成〇〇年〇月〇日

［証明書番号］　〇〇〇〇－〇〇〇（〇／〇）

10 元本、相続

　「元本」は、それを所有することで所有者が二次的利益を得る財産や権利のことです。具体的には利息を生む「預金」や「貸金」、家賃収入を得られる「貸家」、配当を得られる「株券」、権利収入を得られる「著作権」などです。この元本を「領収」するとは、それらの財産や権利を手放して現金化するということです。「元本を領収」することで、それまで得られていた二次的利益は得られなくなります。判断能力が十分とはいえない被補助人が単独で元本を領収する過程においては、事務手続に不備が生じるかもしれません。安く買い叩かれて損するかもしれません。

　元本を「利用」するとは利率の高い預金に「切り替える」、賃貸用アパートを「貸し出す」、儲かりそうな株や著作権を「買う」などの行為です。領収の際と同じく、被補助人が単独で元本を利用する過程において、被補助人に不利益が生じる可能性があります。

　よって、資料46のケースでは、被補助人が「1　元本を領収し、又は利用すること」については、補助人の同意を要することになっています。金融機関の多くはこの元本に関し被補助人と取引をしてきています。本件のような事案については、補助人の同意を得る必要があります。

　資料46の「2」および「3」については既述につきここでは取り扱いません。

　資料46の「4　相続の承認若しくは放棄又は遺産分割をすること」ならびに「5　贈与の申込みを拒絶し、遺贈を放棄し、負担付贈与の申込みを承認し、又は負担付贈与を承認すること」はいずれも相続に関する事項です。相続に関し、被補助人が単独で承認、放棄、拒絶、承諾等の意思表示を行えばもらえるものももらえなくなるかもしれません。負債を相続させられるかもしれません。よって、本件においては補助人の同意を得るまでは、被補助人が行った承認、放棄、拒絶、承諾等は確定しません。

【資料46】 元本と相続に関する事項のある同意行為目録

> 登記事項証明書 （別紙目録）
>
> 補 助
>
> 同意行為目録
>
> > 別紙
> >
> > 同 意 行 為 目 録
> >
> > 本人が以下の行為（日用品の購入その他日常生活に関する行為を除く。）をすること
> >
> > 1 元本を領収し、又は利用すること
> > 2 借財又は保証をすること
> > 3 不動産その他重要な財産に関する権利の得喪を目的とする行為をすること
> > 4 相続の承認若しくは放棄又は遺産分割をすること
> > 5 贈与の申込みを拒絶し、遺贈を放棄し、負担付贈与の申込みを承認し、又は負担付贈与を承認すること
> >
> > 以上
>
> 登記年月日　平成○○年○月○日
> 　　　　　　［証明書番号］　○○○○－○○○（○／○）

　補助人と被補助人が同一財産に対する相続人である場合、監督人がいれば監督人が補助人にかわって被補助人の意思に同意したり、それを取り消します。監督人がいなければ、補助人は家庭裁判所に対し臨時補助人の選任を求めます。選任された臨時補助人は、相続についてのみ被補助人の意思に同意

したり、それを取り消します。そして、相続が終わったら臨時補助人を辞職します。なお、本件相続に関し、補助人に代理権が付されていれば、監督人がいる場合は監督人が、監督人がいない場合は臨時補助人が、補助人にかわり代理行為を行うことがありえます。

11 訴訟、新築等、賃貸借

　同意行為目録の表示方法は、代理行為目録の表示方法と同様に事案によりさまざまです。例えば、資料47においては各項目に○号と付されています。この号数は資料37もしくは民法13条1項（保佐人の同意を要する行為）の1号～9号までを指します。一般的に重要な財産に関する行為といえます。

　資料47の1および2は既述につきここでは取り扱いません。

　資料47の「3　和解又は仲裁合意（5号）」は損害賠償ほか民事的係争を収束させる行為を意味します。被補助人のみで和解条件をのんだり仲裁に合意することで、被補助人が不利益を被るかもしれません。については、本件被補助人が「和解又は仲裁合意」をするにあたっては、補助人の同意がなければその和解や合意は確定しないとされます。

　資料47の「4　新築、改築、増築又は大修繕（8号）」は、被補助人が自らの居住用不動産を新築する、改築する、増築する、又は大修繕するために必要な不動産や工務店との取引は、補助人の同意を得るまでは確定しないことを意味します。新築、改築、増築、大修繕もそれなりの費用がかかります。実行となれば被補助人の銀行口座からかなりの費用が引き出され工務店等に支払われるでしょう。その事後において補助人が取り消すようなことがあれば、大掛かりかおよそ不可能な原状回復となりえます。この段に至っては被補助人、補助人、施工会社等の間で協議や裁判になってしまうかもしれません。確実な事務が求められます。

　資料47の「5　建物について3年を超える期間の賃貸借をすること（9号）」は、民法602条に規定される4種の「短期賃貸借」の一部です。その4種と期間は、「樹木の栽植又は伐採を目的とする山林の賃貸借は10年」「樹木の栽植又は伐採を目的とする山林以外の土地の賃貸借は5年」「建物の賃貸借は3年」「動産の賃貸借は6箇月」です。それらの財産を記載の期間以上にわたり貸し借りするには相当の管理能力が必要となりますが、被補助人の

みではその実行がむずかしいので、被補助人が行うにあたっては補助人による同意が必要ということになります。

【資料47】 訴訟と新築等と賃貸借に関する同意行為目録

```
　　　　　　登 記 事 項 証 明 書 （別 紙 目 録）

                                              ┌─────┐
                                              │ 補　助 │
                                              └─────┘
 同意行為目録

 ┌──────────────────────────────────┐
 │   （別紙）                                           │
 │                                                      │
 │              同 意 行 為 目 録                       │
 │                                                      │
 │  1  借財又は保証（2号）                              │
 │   ⑴  債務保証契約の締結                             │
 │  2  不動産その他重要な財産に関する権利の得喪を目的とする行為（3│
 │     号）                                             │
 │   ⑴  本人所有の土地又は建物の売却                   │
 │   ⑵  本人所有の土地又は建物についての抵当権の設定   │
 │   ⑶  贈与又は寄附行為                               │
 │   ⑷  通信販売（インターネット取引を含む）又は訪問販売による契約の│
 │      締結                                            │
 │   ⑸  金銭の無利息貸付                               │
 │   ⑹  1件当たり金10万円以上の物品・機器・サービスの購入│
 │  3  和解又は仲裁合意（5号）                          │
 │  4  新築、改築、増築又は大修繕（8号）                │
 │  5  建物について3年を超える期間の賃貸借をすること（9号）│
 │                                                      │
 └──────────────────────────────────┘

 登記年月日　平成〇〇年〇月〇日
                        ［証明書番号］　〇〇〇〇－〇〇〇（〇／〇）
```

第4章

後見に附帯する事項

後見に附帯する事項を理解します。

1　審判前の財産保全処分

　後見・保佐・補助開始の申立てを家庭裁判所に行うと、審判が下りるまで数日から数ヶ月かかります。その間に、被後見人・被保佐人・被補助人候補者の財産が費消されたり、時効などの理由から利益を享受できなくなる場合があります。そのような場合、後見・保佐・補助開始の申立てにあわせて「審判前の財産保全処分」の申請を行うことが可能です。

　財産保全の申立権者は当事者と利害関係人（本人や本人に対する債権者）です。財産管理者は家庭裁判所が選任します。選任された財産管理者に対する不服申立てはできません。財産管理者は登記されませんので、選任された財産管理者は審判書ないし審判確定書をもって金融機関へ取引に来ます。金融機関はその書面をもとに財産管理者からの要請に応じるか否か判断することになります。

　資料48は、保佐開始の申立てにあわせ、財産管理者の選任を求めたケースです。家庭裁判所から選任された財産管理者は、資料48の審判書をもって金融機関に対し被保佐人候補者の預貯金に関し「出金停止と取引明細書発行」をお願いしています（資料49）。本ケースの金融機関は財産管理者からの要請に応じました。その後、財産管理者は保佐人に選任され財産管理者の立場は終了しました。ついては、現保佐人は、財産管理者として行った業務を家庭裁判所に報告しつつその報酬付与を求めたところ10万円強の報酬付与審判がなされたので、当金額を被保佐人の口座から引き出しました。

　財産管理者は財産を保全（保存）することを中心に預金の払戻しや解約程度の事務をすることができますが、売買契約の締結、抵当権の設定、賃貸借契約の締結・解除、遺産分割協議、訴訟行為等を行うことはできません。これらの行為を後見等開始審判前に行う必要があれば、財産管理者としての権限外行為許可の審判を求めることになります。金融機関は、この場合でも審判書の内容に基づき、財産管理者からの要請に対応するかしないか判断する

ことになります。

【資料48】 財産管理者選任の審判書

平成○○年（家ロ）第○○○号　審判前の保全処分（財産管理者の選任）申立事件

　本案　平成○○年（家）第○○○号　保佐開始申立事件
　　　　平成○○年（家）第○○○号　代理権付与申立事件

　　　　　　　　　　審　　　　判

　　○○県○○郡○○町大字○○○123番地
　　　　　　　　　申　立　人　　○○町長　○　○　○　○
　　本籍　○○県○○郡○○町大字234番地
　　住所　同上
　　　　　　　　　本　　人　　○　○　○　○
　　　　　　　　　　昭和○○年○月○日生

　上記申立人からの頭書申立事件について、当裁判所は、その申立てを相当と認め、次のとおり審判する。

　　　　　　　　　　主　　　　文

　本人についての保佐開始の審判・代理権付与の申立てについての審判が効力を生ずるまでの間、本人の財産の管理者として
　　住　所　○○市○○町345番地12
　　氏　名　○　○　○　○
を選任する。
　　　　平成○○年○月○日
　　　　　○○家庭裁判所
　　　　　　家事審判官　○　○　○　○

　　　　　これは謄本である。
　　　　　　同日同庁　裁判所書記官　○　○　○　○

　　　　　　　　　　　　　　　　　　　　　　　公印

【資料49】 金融機関に対する財産管理者からの要請

平成○○年○月○日

○○銀行○○支店　御中

出金停止と取引明細書発行のお願い

拝啓　時下ますますご清祥のこととお慶び申し上げます。

　さて、○○○○（住所：○○県○○郡○○町大字234番地、昭和○年○月○日生）は、アルツハイマー型認知症等により判断能力が低下していることから、同人の財産を保全する必要があるため、平成○○年○月○日、○○家庭裁判所より、当職が財産管理者に選任されました。

　しかしながら、当職は、現時点で、○○○○の預貯金を把握できておらず、また、通帳・届出印・キャッシュカードなどが当職の管理下にないため、○○○○以外の第三者が預貯金を引き出す恐れがあります。

　つきましては、○○○○の財産管理者として下記のとおり依頼しますので、お手数をおかけしますが、宜しくお願いします。

敬具

記

1　貴行に○○○○名義の預貯金口座がある場合には、当職から改めて連絡があるまで、一切の出金（ただし、自動引き落としは除きます）を停止して下さい。

2　○○○○名義の全ての預貯金（平成○○年○月○日以降に解約された預貯金を含みます。）について、取引明細書（預金種別、口座番号、取引日、取引額、取引先、残高などが記載されたもの）の発行をお願いします。なお、取引明細書の対象期間は平成○年○月○日から最終取引日（解約日）まででお願いします。

以上

（添付書類）
　審判書（写し）　1通

○○県○○市○○町345番地12
○○○○
電話番号

2　後見制度支援信託

　被後見人の財産を管理する手法として「後見制度支援信託」という仕組みがあります。実際は「特約付き金銭信託」という商品で三菱UFJ信託銀行、三井住友信託銀行、みずほ信託銀行、りそな銀行が扱っています。運用開始は平成24年2月で、平成26年実績は全国で2754件、1件当りの平均信託金額は3600万円でした（最高裁）。東京家庭裁判所管轄だけみると平成26年11月現在で累計1036の利用実績です（東京地裁）。今後、全国的に運用の増加が見込まれますので、実務の流れを確認しておきましょう。

　後見制度支援信託は「後見類型」かつ「親族が後見人になる場合」かつ「被後見人の預貯金が一定金額以上ある場合（およそ500万～3000万円程度以上ある場合）」である事案に適用されています。今後は、保佐・補助類型であれば被保佐人や被補助人の意向を確認しながら適用されるかもしれません。親族以外の後見人にはおよそ適用されるようになると思われます。信託適用の預貯金の一定額は、本人の財産状況や収支状況により異なるので、ある程度の幅はあり続けると思われます。

　後見制度支援信託の委託者は成年後見人です。受託者は上記4銀行のいずれかです。受益者は成年被後見人です。信託財産は成年被後見人の金銭です。信託目的は成年被後見人の金銭を預かり、必要に応じて成年被後見人のために支払うことです。いまのところ後見制度支援信託の設定は一部の士業後見人により行われています。この士業後見人は就任後数ヶ月程度で信託を設定し後見人の職を辞任しますので「信託設定専用後見人」の実情です。

　資料50－1のケースでは、成年被後見人は法務一郎さんです。成年後見人は法務二郎さんと法務三郎さんの2名です。分掌型につき、法務二郎さんは法務一郎さんの財産管理を、法務三郎さんは法務一郎さんの財産管理以外の事務を行う権限のみ付されています（資料50－2）。

　法務二郎さんは、法務一郎さんの財産を調べ、法務一郎さんの月次収支を

予算化しました。その結果、法務一郎さんの預貯金のうち5700万円をＡ信託銀行に預け、そこから毎月２万円を法務一郎さんの口座へ振り込む信託を設定することが望ましい旨、家庭裁判所に報告しました（資料50－３）。これを受け家庭裁判所は、その信託を設定する指示書（信託契約締結）を法務二郎さんへ交付しました（資料50－４）。家庭裁判所からの指示書をもって法務二郎さんは、法務一郎さんの口座から合計5700万円を引き出しました。金融機関が法務二郎さんからの要請に応じることとなります。

　その後、法務二郎さんはＡ信託銀行へ信託し、その旨、家庭裁判所に報告しました。この報告を受け家庭裁判所は、法務二郎さんは財産管理を、法務三郎さんは財産管理以外を行うという審判を取り消しました。あわせて、法務二郎さんは信託設定完了につき成年後見人の職を辞任する申立てをしました。家庭裁判所はこの申立てを相当と認め、辞任を許可する審判を下しました。これにより、通常であれば法務三郎さんのみが法務一郎さんの成年後見人としてすべての権限を保有します。ただ、本件においては、法務二郎さんにとってかわるかたちで法務四郎さんが法務一郎さんの財産管理を行う成年後見人となりました。以上が資料50－５～資料50－７から読み取れる内容です。

　今後、法務一郎さんの生活資金が枯渇し、信託財産から一定の金額を引き出す必要が生じたとします。その場合、法務四郎さんは家庭裁判所に事情を説明し、いくら引き出したいかを含めた上申書を提出します。これについて相当と認めれば、家庭裁判所は信託銀行に対し法務一郎さんの口座へその一定額を払い出すよう指示します。家庭裁判所からの指示を受けた信託銀行は法務一郎さんの口座へその一定額を振り込みます。その後は、法務四郎さんの管理のもと、この財産は法務一郎さんのために使われます。その後さらに必要があれば、同様の手続が繰り返されます。なお、信託の設定費用、管理手数料、運用益の配当などは銀行によって多少異なりますが、この費用負担は被後見人負担となります。

　後見制度支援信託が考案、実施された背景には、後見人による被後見人の

預貯金の使込み事件の多発があります。被後見人の預貯金を後見人の手がすぐには届かないようにし、後見人による横領等を防止しようということで、被後見人の金銭を信託財産として信託銀行に受託管理させ、取り出す必要があれば家庭裁判所を通して払い出すことにしたのです。このようにしてまで後見人による被後見人の預貯金の拝借や費消を防止している現状です。あるいは、後見監督人が付される現状です。これらの代案として、被後見人の金銭を定期預金にする、保険にする、不動産にするなども考えられます。また、そもそものところで、預貯金取引に関する代理権の付与という独立型ではなく、介護・医療・その他の生活費用を払うための預貯金取引に関する代理権付与というある種の制限付代理権の付与により、取引の現場で不適切な後見人の行為を防ぐことも可能と思われます。後見人に対する今後の管理運用の動向に注目して金融機関として対応していきましょう。

【資料50-1】　後見制度支援信託設定のための複数後見・分掌型の登記事項証明書

登 記 事 項 証 明 書

　　　　　　　　　　　　　　　　　　　　　　　　　　　　　　　　　　　後　見

後見開始の裁判
　【裁　判　所】○○家庭裁判所
　【事件の表示】平成○○年（家）
　【裁判の確定日】平成○○年○月○日
　【登記年月日】平成○○年○月○日
　【登記番号】第○○－○○○○号

成年被後見人
　【氏　　　名】法務一郎
　【生年月日】昭和○○年○月○日
　【住　　　所】東京都○○区○○１丁目１番１号
　【本　　　籍】東京都○○区○○１丁目１番地

成年後見人
　【氏　　　名】法務二郎
　【住　　　所】東京都○○区○○２丁目２番２号
　【選任の裁判確定日】平成○○年○月○日
　【登記年月日】平成○○年○月○日
　【事務の共同・分掌の定めの裁判確定日】平成○○年○月○日
　【事務の共同・分掌の定め】別紙目録記載のとおり
　【登記年月日】平成○○年○月○日

成年後見人
　【氏　　　名】法務三郎
　【住　　　所】東京都○○区○○３丁目３番３号
　【選任の裁判確定日】平成○○年○月○日
　【登記年月日】平成○○年○月○日
　【事務の共同・分掌の定めの裁判確定日】平成○○年○月○日
　【事務の共同・分掌の定め】別紙目録記載のとおり
　【登記年月日】平成○○年○月○日

　　　　　　　　　　　　　　［証明書番号］○○○○－○○○（○／○）

【資料50-2】 後見制度支援信託設定のための権限行使の定め目録

登 記 事 項 証 明 書 （別 紙 目 録）

後 見

権限行使の定め目録

　別紙

権 限 行 使 の 定 め 目 録

1　成年後見人法務二郎は次の事務を分掌する。
　　成年被後見人の財産管理

2　成年後見人法務三郎は次の事務を分掌する。
　　1記載以外の事務

以上

登記年月日　平成〇〇年〇月〇日

［証明書番号］　〇〇〇〇－〇〇〇（〇／〇）

【資料50-3】 家庭裁判所に対する信託設定後見人からの報告書

開始（選任）事件番号　平成○○年（家）第○○○号
住所　東京都○○区○○１丁目１番１号
成年被後見人　法務一郎

　　　　　　　　　報　　告　　書（信託契約締結）

○○家庭裁判所　○○支部　御中

　　　　　　　　　　　　　　　　　　　　平成○○年○月○日
　　　　　　　　　　　　　　　　　　　　成年後見人　法務二郎

　下記の内容で信託契約を締結することが相当であると考えますので、報告します。
　（財産目録、収支目録は、平成○○年○月○日目録のとおり。）

　　　　　　　　　　　　　　記

1　利用予定の信託　　　　A信託銀行の後見制度支援信託
2　信託財産　　　　　　　金57,000,000円
3　信託財産の交付金額　　１ヶ月ごとに金20,000円
4　契約申込日　　　　　　指示の日から３週間以内の日

【資料50-4】 後見制度支援信託に関する家庭裁判所からの指示書

監督事件番号　平成○○年（家）第○○○号（基本事件平成○○（家）第○○○号）

　　　　　　　　　指　　示　　書（信託契約締結）

　職権により、上記報告書のとおり、信託契約を締結することを指示する。
平成○○年○月○日

○○家庭裁判所　○○支部　裁判官　○　○　○　○

　　　　　　　　以上は謄本である。
　　　　　　　　同日同庁
　　　　　　　　　　裁判所書記官　○　○　○　○

　　　　　　　　　　　　　　　　　　　　　　　　［公印］

【資料50−5】　後見制度支援信託設定後の登記事項証明書

登 記 事 項 証 明 書

後　見

後見開始の裁判
　【裁　判　所】○○家庭裁判所
　【事件の表示】平成○○年（家）
　【裁判の確定日】平成○○年○月○日
　【登記年月日】平成○○年○月○日
　【登記番号】第○○−○○○○号

成年被後見人
　【氏　　名】法務一郎
　【生年月日】昭和○○年○月○日
　【住　　所】東京都○○区○○１丁目１番１号
　【本　　籍】東京都○○区○○１丁目１番地

成年後見人
　【氏　　名】法務三郎
　【住　　所】東京都○○区○○３丁目３番３号
　【選任の裁判確定日】平成○○年○月○日
　【登記年月日】平成○○年○月○日
　【事務の共同・分掌の定めの裁判確定日】平成○○年○月○日
　【事務の共同・分掌の定め】別紙目録記載のとおり
　【登記年月日】平成○○年○月○日
　【事務の共同・分掌の定めの全部取消しの裁判確定日】平成○年○月○日
　【取り消された権限】別紙目録記載のとおり
　【登記年月日】平成○○年○月○日
　【事務の共同・分掌の定めの裁判確定日】平成○○年○月○日
　【事務の共同・分掌の定め】別紙目録記載のとおり
　【登記年月日】平成○○年○月○日

成年後見人
　【氏　　名】法務四郎
　【住　　所】東京都○○区○○４丁目４番４号

【選任の裁判確定日】平成○○年○月○日
　　【登記年月日】平成○○年○月○日
　　【事務の共同・分掌の定めの裁判確定日】平成○○年○月○日
　　【事務の共同・分掌の定め】別紙目録記載のとおり
　　【登記年月日】平成○○年○月○日

成年後見人
　　【氏　　名】法務二郎
　　【住　　所】東京都○○区○○２丁目２番２号
　　【選任の裁判確定日】平成○○年○月○日
　　【登記年月日】平成○○年○月○日
　　【事務の共同・分掌の定めの裁判確定日】平成○○年○月○日
　　【事務の共同・分掌の定め】別紙目録記載のとおり
　　【登記年月日】平成○○年○月○日
　　【事務の共同・分掌の定めの全部取消しの裁判確定日】平成○年○月○日
　　【取り消された権限】別紙目録記載のとおり
　　【登記年月日】平成○○年○月○日
　　【辞任許可の裁判確定日】平成○○年○月○日
　　【登記年月日】平成○○年○月○日

　　　　　　　　　　　　　［証明書番号］　○○○○－○○○（○／○）

【資料50-6】 複数後見・分掌型の取消目録

登 記 事 項 証 明 書 （別 紙 目 録）

後 見

権限行使の定め目録　　　　　　　　取消し

別紙

権 限 行 使 の 定 め 目 録

1　成年後見人法務二郎は次の事務を分掌する。
　　成年被後見人の財産管理

2　成年後見人法務三郎は次の事務を分掌する。
　　1記載以外の事務

以上

登記年月日　平成〇〇年〇月〇日
　　　　　　　　　　　　［証明書番号］　〇〇〇〇－〇〇〇（〇／〇）

【資料50-7】 複数後見・分掌型の定めの目録

登 記 事 項 証 明 書 （別 紙 目 録）

後　見

権限行使の定め目録

別紙

権 限 行 使 の 定 め 目 録

1　成年後見人法務四郎は次の事務を分掌する。
　　成年被後見人の財産管理

2　成年後見人法務三郎は次の事務を分掌する。
　　1記載以外の事務

以上

登記年月日　平成○○年○月○日

[証明書番号]　○○○○-○○○（○／○）

3 被後見人の財産調査

　後見人は選任の審判が確定したのち1ヶ月以内に、被後見人の財産を調査し、財産目録を調製し、家庭裁判所に提出することになっています。この際、親族ならまだしも第三者である被後見人の預貯金、保険、証券等を調査することになります。財産調査にもれがあったことで請求の時期を逃し被後見人やその相続人に逸失利益が発生することも想定されます。

　このような困難やリスクに備え、後見人から頼まれて、被後見人の財産を調査するサービスがあります。金融機関のOBが中心となった、できたサービスで、需要は低くないと見込まれます。今後、金融機関は、この受任者（復代理人もしくは履行補助者）からの照会を受けることがありえますので、当該事務に関する委任状のひな型を紹介します（資料51）。

【資料51】　被後見人の財産調査に関する委任状

捨　印

委　任　状

下記被後見人の法定後見人である私は、下記の者を代理人として選任し、下記の権限を委任します。

記

　　被後見人　（氏　　名）
　　　　　　　（住　　所）
　　　　　　　（生年月日）
　　受任者　　東京都○○区○○１－１－１－222　〒333－4444
　　　　　　　○○○○　（昭和○○年○月○日生）
　　　　　　　　　（TEL：03－1234－5678）

【件　名】被後見人の財産調査
１．被後見人と各生命保険会社、各損害保険会社及び各少額短期保険会社との間で保険契約が存在するかを調査する事務。ただし、保険契約が存在していた場合にその内容を調査する事務を含む。
２．被後見人が各銀行及び各信用組合との間で預金口座を開設しているかを調査する事務。ただし、口座が存在していた場合にその内容を調査する事務を含む。
３．被後見人が各証券会社との間で証券口座を開設しているかを調査する事務。ただし、証券口座が存在していた場合にその内容を調査する事務を含む。
４．その他、上記調査に必要な一切の行為。

平成　　年　　月　　日
委　任　者　上記「被後見人」の「法定後見人」
（住所）
（氏名）
電話番号

印

4 死後事務代行サービス

　被後見人の死後の事務をどうするかは後見分野の課題の一つです。後見人は、被後見人が生きている限りの代理人であり、被後見人の死をもって後見が終了するとされているからです。

　被後見人に身寄りがなければ、それまで後見人だった人が遺体を引き取り、葬儀を執行することは、受任者の応急処分義務の観点から許容されるとも解されます。家族や親戚がいても高齢だったり遠方だったり疎遠だったりすると、やはり、だれかが被後見人だった人の死後事務をしないとどうしようもありません。いつ「その時」が来るかもわからないので、後見人が対応しかねることは往々にしてあることです。

　そこで、後見人から被後見人の死後事務を、事前に受任するサービスも誕生しています。すでに後見人からの受任実績も相当数あります。金融機関が直接、この事業者と取引することはないかもしれませんが、後見人が被後見人の口座から死後事務を委任するために一定額を引き出すことがありえます。その際、後見人から「死後事務を第三者に委任するため」という説明があるかもしれません。後続に、実際に利用されている契約書を添付します（資料52）。確認しておきましょう。

【資料52】　被後見人の死後事務に関する委任契約書

『後見人の応急処分に関する委任契約書』

（被後見人氏名）成年後見人（後見人氏名）を甲、NPO法人○○○○を乙として、甲乙間につぎのとおり委任契約を締結する。

（委任事項）
第1条　甲は乙に対し、被後見人（被後見人氏名）が死亡した際に甲が行う、施設病院等から死亡連絡を受け、遺体の搬送、安置、葬儀及び火葬の手配、火葬、収骨の立会い、お骨の預かり及びお引き渡しに関する手続及びそれに付帯関連する一切の手続きを委任する。

（委任期間）
第2条　委任期間は、本日より、被後見人が亡くなり、お骨のお渡しが終了するまでとする。

（報酬）
第3条　甲は、委任範囲内の事務を履行する報酬として、乙の契約事務履行後1週間以内に10万円を振り込み又は現金で支払う。（消費税別）
　　　　但し、事務の履行に際し、交通費の実費が規定の額を超えた場合及びお骨の預かりが一定期間を超えた場合は、別紙規定によるものとする。

（契約金）
第4条　甲は、契約時に契約金として1万円を乙に支払う。但し、契約日より8日以内に解約の申し出があった場合は、乙は甲に当該1万円を返金する。契約金は報酬の一部に充当する。

以上のとおり契約が成立したので、本書面を2通作成し、甲乙各1通を保有する。

平成　　年　　月　　日

　　　　（甲）

　　　　（乙）
　　　　東京都○○区○○1丁目1番1号○○ビル1階
　　　　特定非営利活動法人○○○○
　　　　理事長　　○　○　　○　○

5　後見報酬

　法定後見に分類される成年後見人、保佐人、補助人、未成年後見人ならびに成年後見監督人、保佐監督人、補助監督人、未成年後見監督人、及び家庭裁判所が法定する任意後見監督人に対する報酬付与の適否及び付与する場合の金額は、それらからの報酬付与申立てを受け家庭裁判所が決定します。これら後見人等に対する報酬付与の審判内容は登記されません。報酬をもらえてももらえなくても、報酬金額が高くても安くても、家庭裁判所の審判内容に対し不服申立てをすることはできません。

　後見報酬の決済頻度はおよそ年1回です。後見報酬の請求権は5年間の債権につき5年分まとめて家庭裁判所に申し立てる後見人等もいます。後見人等が親族でも、NPO法人でも、弁護士等でも、報酬付与は可能です。筆者が認知している最低価格は1年間100円、最高価格は1年間530万円です。金融機関は、後見人等からの要請を受け、被後見人の口座から後見報酬を払い出すにあたり審判書を確認します。任意後見人に対する報酬は、当事者間で締結し公証人が公証した任意後見契約書に記載されています。任意後見人からの払出要求に際しては、任意後見契約書の報酬部分を確認します。

　後見報酬は大きく「基本報酬」と「付加報酬」で構成されます。ここでは、東京家庭裁判所（資料53）と横浜家庭裁判所（資料54）が交付した「成年後見人等の報酬額のめやす」及びその比較表（表10・表11）をもとに報酬金額のメドを立てておきましょう。なお、このような報酬のめやすを公表している家庭裁判所はいまのところ多くありません。地域の家庭裁判所に照会したり、そのホームページを定期的にみるなどして報酬のめやす感をもつことは払い出す金融機関としては関連する事務と思われます。

　資料55は、大阪家庭裁判所が公表した後見の申立費用と切手予納代の一覧です。金額はおよそどの家庭裁判所でも変わらないので、顧客等に対する情報提供としてご活用ください。

【資料53】　後見人等に対する報酬のめやす・東京家庭裁判所

東京家庭裁判所（平成25年1月）

○基本報酬
(1) 成年後見人
成年後見人が、通常の後見事務を行った場合の報酬（これを「基本報酬」と呼びます。）のめやすとなる額は、月額2万円です。ただし、管理財産額（預貯金及び有価証券等の流動資産の合計額）が高額な場合には、財産管理事務が複雑、困難になる場合が多いので、管理財産額が1000万円を超え5000万円以下の場合には基本報酬額を月額3万円～4万円、管理財産額が5000万円を超える場合には基本報酬額を月額5万円～6万円とします。なお、保佐人、補助人も同様です。
(2) 成年後見監督人
成年後見監督人が、通常の後見監督事務を行った場合の報酬（基本報酬）のめやすとなる額は、管理財産額が5000万円以下の場合には月額1万円～2万円、管理財産額が5000万円を超える場合には月額2万5000円～3万円とします。なお、保佐監督人、補助監督人、任意後見監督人も同様です。

○付加報酬
成年後見人等の後見等事務において、身上監護等に特別困難な事情があった場合には、上記基本報酬額の50パーセントの範囲内で相当額の報酬を付加するものとします。また、成年後見人等が、例えば、報酬付与申立事情説明書に記載されているような特別の行為をした場合には、相当額の報酬を付加することがあります（これらを「付加報酬」と呼びます。）。

○複数成年後見人等
成年後見人等が複数の場合には、上記2及び3の報酬額を、分掌事務の内容に応じて、適宜の割合で按分します。

【資料54】　後見人等に対する報酬のめやす・横浜家庭裁判所

横浜家庭裁判所（平成23年4月）

○基本報酬
(1)　成年後見人
成年後見人が、通常の後見事務を行った場合の報酬（これを「基本報酬」と呼びます。）の額は、月額2万円です。ただし、管理財産額（預貯金及び有価証券等の流動資産の合計額）が高額な場合には、財産管理事務が複雑、困難になる場合が多いので、管理財産額が1000万円を超え5000万円以下の場合には基本報酬額を月額3万円～4万円、管理財産額が5000万円を超える場合には基本報酬額を月額5万円～6万円とします。なお、保佐人、補助人も同様です。
(2)　成年後見監督人
成年後見監督人が、通常の後見監督事務を行った場合の報酬（基本報酬）の額は、管理財産額が5000万円以下の場合には月額1万円～2万円、管理財産額が5000万円を超える場合には月額2万5000円～3万円とします。なお、保佐監督人、補助監督人、任意後見監督人も同様です。

○付加報酬
成年後見人等の後見等事務において、身上監護等に特別困難な事情があった場合には、上記基本報酬額の50パーセントの範囲内で相当額の報酬を付加するものとします。また、成年後見人等が、例えば、次の具体例に示すような特別の行為をした場合には（具体例に限定されません。）、相当額の報酬を付加することがあります（これらを「付加報酬」と呼びます。）。
(具体例)
・訴訟
被後見人が不法行為による被害を受けたことを原因として、加害者に対する1000万円の損害賠償請求訴訟を提起し、勝訴判決を得て、管理財産額を1000万円増額させた場合：約80万円～約150万円
・遺産分割調停
被後見人の配偶者が死亡したことによる遺産分割の調停を申し立て、相手方の子らとの間で調停が成立したことにより、総額約4000万円の遺産のうち約2000万円相当の遺産を取得させた場合：約55万円～約100万円
・居住用不動産の任意売却
被後見人の療養看護費用を捻出する目的で、その居住用不動産を、家庭裁判所の許可を得て3000万円で任意売却した場合：約40万円～約70万円

○複数成年後見人等
成年後見人等が複数の場合には、上記2及び3の報酬額を、分掌事務の内容に応じて、適宜の割合で按分します。

表10　後見人等に対する報酬のめやす・東京家庭裁判所と横浜家庭裁判所の比較

内　容		東京家庭裁判所	横浜家庭裁判所
基本報酬（月額）	通常	2万円	2万円
	預貯金額が1千万～5千万円	3万～4万円	3万～4万円
	預貯金額が5千万円超	5万～6万円	5万～6万円
付加報酬（件数）	身上看護等が特別困難	基本報酬の50%まで	基本報酬の50%まで
	訴訟 例：勝訴額1千万円	記載なし	約80万～約150万円
	遺産分割調停 例：2千万円の成立	記載なし	約55万～約100万円
	居住用不動産の任意売却 例：3千万円の物件	記載なし	約40万～約70万円

（注）　後見人等が複数の場合、事情をかんがみ適宜案分されます。

表11　後見監督人等に対する報酬のめやす・東京家庭裁判所と横浜家庭裁判所の比較

内　容		東京家庭裁判所	横浜家庭裁判所
基本報酬（月額）	預貯金額が5千万円以下	1万～2万円	1万～2万円
	預貯金額が5千万円超	2.5万～3万円	2.5万～3万円

【資料55】 後見事務費用等に関する一覧表・大阪家庭裁判所

大阪家庭裁判所本庁

平成26年4月1日実施

事件名	印紙	収入印紙(登記用)	郵券	内訳
成年後見開始（候補者が1人増すごとに1000円追加）	800	2600	3880	1000円×1、100円×15、82円×10、50円×5、20円×5、10円×20、2円×5
保佐開始・補助開始（候補者が1人増すごとに1000円追加）	800	2600	4880	1000円×2、100円×15、82円×10、50円×5、20円×5、10円×20、2円×5
任意後見監督人選任（候補者が1人増すごとに1000円追加）	800	1400	3880	1000円×1、100円×15、82円×10、50円×5、20円×5、10円×20、2円×5
未成年後見人選任（候補者が1人増すごとに1000円追加）	800	なし	2770	500円×2、100円×8、82円×10、10円×15
成年後見人・保佐人・補助人・成年後見監督人〉各辞任許可 保佐監督人・補助監督人・任意監督人 保佐人・補助人の同意を要する行為の定め 保佐人・補助人に対する特定の法律行為に関する代理権付与	800	1400	2770	500円×2、100円×8、82円×10、10円×15 注1：各辞任許可と同時に選任申立てを行う場合は1000円追加
成年後見人・保佐人・補助人の各選任及び各解任 （選任については、候補者が1人増すごとに1000円追加） 成年後見監督人・保佐監督人・補助監督人・任意後見監督人の各選任及び各解任 保佐人・補助人の同意を要する行為の定めの指定取消し 保佐人・補助人に対する特定の法律行為に関する代理権付与の取消し 後見開始・保佐開始・補助開始の各取消し	800	なし	2770	500円×2、100円×8、82円×10、10円×15 注2：各辞任許可と同時に選任申立てを行う場合は1000円で可
居住用不動産の処分許可	800	なし	92	82円×1、10円×1
財産目録調整期間、管理計算期間の伸長、報酬付与（ただし、財産管理者からは手数料不要）	800	なし	82	82円×1
特別代理人・臨時保佐人・臨時補助人の各選任 保佐人又は補助人の同意にかわる許可	800	なし	980	82円×10、50円×2、10円×6
保全処分	後見命令	なし	1400	2770	500円×2、100円×8、82円×10、10円×15
	保佐命令、補助命令	なし	1400	3410	500円×4、100円×8、82円×5、10円×20
	保佐命令・補助命令の各取消し 保佐命令・補助命令・後見命令の各取消し 成年後見人・保佐人・補助人等の職務執行停止、職務代行者選任及び取消し 財産管理者の選任及び改任、財産管理命令、財産管理等に関する指示及び指示取消し （※後見・保佐・補助各命令と同時申立ての場合、郵券額は各申立てごとで予納する額を予納する）	なし	なし	2010	500円×2、100円×5、82円×5、10円×10

第4章 後見に附帯する事項 163

事項索引

い
- 一身専属の行為 …………………… 72
- 委任状 ……………………………… 3

か
- 介護契約 …………………………… 94
- 解任 ………………………………… 64
- 家庭裁判所からの許可 …………… 125
- 監督人がいる場合の対応 ………… 61
- 元本 ………………………………… 136
- 管理計算 …………………………… 67

き
- 基本報酬 …………………………… 159
- 共同型 ……………………………… 56
- 居住用不動産の購入 ……………… 108
- 居住用不動産の売却 ……………… 104
- 金額の表示のある同意行為目録 … 128

け
- 権限行使の定め目録 ……………… 58
- 権利関係が特定できない同意行
  為目録 …………………………… 133

こ
- 行為の相当性 ……………………… 100
- 行為の必要性 ……………………… 100
- 後見NPO法人 ……………………… 6
- 後見査定シート …………………… ii
- 後見事務費用等 …………………… 165
- 後見制度支援信託 ………………… 145
- 後見人相談士 ……………………… ii
- 後見人等に対する報酬のめやす … 161
- 後見人の動きを予測 ……………… 111
- 後見人の行為に対する評価の視
  点 ………………………………… 97
- 後見人変更 ………………………… 64
- 後見の質 …………………………… 97
- 後見の登場人物 …………………… 2
- 後見報酬 …………………………… 159
- 後見ランキング …………………… ii
- 後見類型 …………………………… 8
- 戸籍 ………………………………… 2

さ
- 催告権 ……………………………… 122
- 財産管理委任契約書 ……………… 22
- 財産管理者 ………………………… 4
- 裁判の確定日 ……………………… 8

し
- 士業後見 …………………………… 66
- 事件の表示 ………………………… 8
- 死後事務代行サービス …………… 157
- 事後同意もしくは追認 …………… 119
- 自己服務の原則 …………………… 5
- 事前同意 …………………………… 119
- 指定未成年後見人 ………………… 42
- 辞任 ………………………………… 64
- 事務の共同・分掌の定め ………… 47
- 従前の記録 ………………………… 10
- 出金停止と取引明細書発行のお
  願い ……………………………… 144
- 職務代行者 ………………………… 3
- 親権 ………………………………… 43
- 信託設定専用後見人 ……………… 145
- 診断書（成年後見用）………… 27,39

164

審判確定証明書 …………………… 3
審判書 ……………………………… 2
審判前の財産保全処分 ………… 142

せ

制限のある代理行為目録 ………… 94
選定未成年後見人 ………………… 42

そ

相続 ………………………………… 91

た

第一号様式 ………………………… 75
代理権の拡張 ……………………… 82
代理権の共同行使の特約目録 … 56, 63
代理権の範囲 ……………………… 19
代理権目録 ………………………… 21
代理行為目録 ……………………… 53
担当者の特定 ……………………… 6

つ

追認書 …………………………… 121

て

抵当権の設定 …………………… 108
適合性の原則 …………………… 129

と

同意権行使のタイミング ……… 119
同意権の範囲 …………………… 116
同意行為目録 ……………………… 55
同意書 …………………………… 120
登記事項証明書 …………………… 2
登記事項証明申請書 ……………… 11
登記年月日 ………………………… 8
登記番号 …………………………… 8
東京法務局民事行政部後見登録
課 ………………………………… 12
特別代理人 ………………………… 4
特約付き金銭信託 ……………… 145
独立型 ……………………………… 59
取消権 …………………………… 123
取消目録 ………………………… 153

に

任意後見 …………………………… 18
任意後見監督人の選任 …………… 27
任意後見契約 ……………………… 18
任意後見契約の本人 ……………… 18
任意後見受任者 …………………… 19
任意後見発効手続 ………………… 30

ひ

被後見人の財産調査 …………… 155

ふ

付加報酬 ………………………… 159
複数後見 …………………………… 47
復代理人 …………………………… 4
不動産取引 ……………………… 102
不動産取引の実績と推計 ……… 109
分掌型 ……………………………… 47

ほ

法人後見 …………………………… 6
保険取引 …………………………… 89
保佐類型 …………………………… 12
保証 ……………………………… 136
補助類型 …………………………… 12
本人死亡による閉鎖登記 ………… 68
本人の意思 ………………………… 99

み

未成年後見 ………………………… 42

事項索引　165

未成年後見の戸籍 …………………… 44

む

無権代理人 ………………………… 81

め

名称又は商号 ……………………… 8

よ

預貯金取引 ………………………… 80

り

利益相反 …………………………… 91
履行補助者 ………………………… 4
臨時保佐人 ………………………… 4
臨時補助人 ………………………… 4

金融機関のための後見人の見方

平成27年10月21日　第1刷発行

著　者　一般社団法人 後見の杜
発行者　小　田　　　徹
印刷所　株式会社日本制作センター

〒160-8520　東京都新宿区南元町19
発 行 所　一般社団法人 金融財政事情研究会
　　　　編集部　TEL 03(3355)2251　FAX 03(3357)7416
販　　売　株式会社きんざい
　　　　販売受付　TEL 03(3358)2891　FAX 03(3358)0037
　　　　URL http://www.kinzai.jp/

・本書の内容の一部あるいは全部を無断で複写・複製・転訳載すること、および磁気または光記録媒体、コンピュータネットワーク上等へ入力することは、法律で認められた場合を除き、著作者および出版社の権利の侵害となります。
・落丁・乱丁本はお取替えいたします。定価はカバーに表示してあります。

ISBN978-4-322-12811-6